Du und deine wunderbare Vorstellungskraft

Wie du das manifestierst, was du sein und haben willst

Von Gabriele Liesenfeld

Coverart:
Bianca Ebner
www.biancaebner.com

Inhaltsangabe

Einleitung 4

Wie wir uns etwas vorstellen 8

Die Macht unserer Glaubenssätze 11

Unsere unbewussten Glaubenssätze 21

Glaubenssätze, die wir aufgrund des Verhaltens anderer entwickeln 25

Glaubenssätze, die in der Luft liegen 28

Widersprüchliche Gedanken 31

Du kannst die Welt verändern 36

Ein entspannter Zustand 38

Einfach so manifestieren 41

Unser Leben ist das Ergebnis unserer früheren Vorstellungen 47

Was macht mich glücklich? 50

Das einzigartige Geschenk 54

Wie wir die Vergangenheit verändern 59

Alte Erinnerungen revidieren 64

Den Augenblick revidieren 76

Übung macht den Meister 86

Was glaubst du? 100

Muss ich Angst vor meinen
Gedanken haben? 106

In welchem Zustand bist du? 110

Sei liebevoll mit deinen Wünschen 118

Was du glaubst, geschieht 124

Ignorieren oder verleugnen 129

Ein paar Worte auf den Weg 135

Einleitung

„Sie hört zerbrochene Muscheln unter ihren Füßen knirschen, während sie über die Kiesel auf dem Feldweg geht. Der moosige Waldboden, der sich so angenehm weich unter ihren Füßen anfühlt, wird zum Sand, in den sie beim Gehen ein wenig einsinkt. Die tote Krähe neben dem Feldweg ist die Möwe, von der sie ihren Hund wegscheucht. Das Rascheln des Windes im vertrockneten Maisfeld wird zur Gischt, die auf den Strand spült. Sie spürt die salzige Meeresluft in ihren Lungen, die Feuchtigkeit auf ihrer Haut und sie hört das Rauschen der Brandung, das sie so sehr liebt.

Sie ist dort, wo sie hin will. Sie lächelt und ein Gefühl tiefster Entspannung und Zufriedenheit macht sich in ihr breit.

Als sie nach Hause kommt, ihre Schuhe und ihren Mantel auszieht, in die Küche geht, sich einen Kaffee kocht und beginnt, das Frühstück für die Hunde vorzubereiten, kann sie noch immer das Salz in der Luft riechen und fühlt sich erfrischt von der Meeresbrise."

Was ich hier beschreibe, ist ein Zustand. Ganz offensichtlich ein angenehmer Zustand, der nicht der tatsächlichen Realität entspricht. Ein Zustand, in dem wir uns aufhalten können, indem wir uns unserer Vorstellungskraft bedienen. Während wir auf altbekannten Wegen unseren täglichen Spaziergang absolvieren, können wir gleichzeitig an einem anderen Ort sein. Wir können uns in eine andere Stimmung versetzen. Wir können in dem schwelgen, was wir den Zustand des bereits erfüllten Wunsches nennen können. Wenn wir uns wünschen, ein Wochenende, einen Urlaub oder ein Leben am Meer zu verbringen, dann können wir so fühlen, als wären wir bereits da. Wir benutzen dazu all unsere Sinne. Wir hören das Meer, schmecken das Salz, sehen die Wellen, fühlen den Sand unter unseren Zehen. Du hast das bestimmt schon getan, wenn du sehnsüchtig an etwas gedacht hast. An die

Umarmung deines Liebsten oder deiner Liebsten etwa. Du hast das gleiche Kribbeln im Bauch gespürt, obwohl du nicht wirklich umarmt wurdest. Du hast nur daran gedacht, du hast die Augen geschlossen und seine oder ihre Hände und Lippen gespürt, den Blick in seinen oder ihren Augen auf dir ruhen gesehen, seine oder ihre Worte gehört. Und das Kribbeln war da!

Dein Körper hat reagiert, denn deinem Verstand war es gleichgültig, ob die Situation real oder erwünscht war. So funktioniert unser Verstand. Er lässt sich leicht austricksen und es ist ihm vollkommen egal, ob er belogen wird oder nicht. Was zählt ist dein Gefühl. Du fühlst es als Realität und der Verstand reagiert darauf und gibt deinem Körper die entsprechenden Anweisungen: Bauchkribbeln!

Wir können jeden Zustand, in dem wir sein wollen, mit unserer Vorstellungskraft hervorrufen. Wir können zu der Person werden, die wir sein wollen. Wir müssen uns nur so fühlen, als wären wir die Person bereits. Und langsam aber sicher werden wir zu ihr und unser Leben wird sich dementsprechend verändern.

Wenn wir uns als jemand fühlen, der nicht liebenswert ist, können wir uns vorstellen, jemand zu sein, der liebenswert ist. Wir können uns fragen, wie sich jemand Liebenswertes fühlen würde und in dieses Gefühl eintauchen. Wir können so lange und so oft wie möglich in diesem Gefühl bleiben und werden sehen, wie die Menschen um uns herum anders auf uns zu reagieren beginnen. Wir werden irgendwann feststellen, dass wir uns anders benehmen, anders denken, eine andre Selbstwahrnehmung haben.

Und so haben wir uns und unser Leben verändert. Und begonnen haben wir damit, uns etwas vorzustellen, das wir gerne wären.

Wie wir uns etwas vorstellen

Deine Vorstellungskraft ist nichts, was du noch nicht kennst. Deine Vorstellungskraft ist das, was du als Kind verwendet hast. Das du seitdem immer weiter benutzt hast, bewusst oder unbewusst. Und jetzt geht es darum, diese innere Kraft, deine kreative Kraft ins Bewusstsein zu holen.

Wenn du in dich hinein fühlst, was weißt du da? Wenn du dich fragst, wie du bisher kreiert hast, was siehst du da? Wann hat sich das manifestiert, was du dir gewünscht hast und wann nicht? War es anstrengend, oder war es leicht? Kannst du dich überhaupt noch daran erinnern, oder ist es im Rückblick so selbstverständlich, dass du gar nicht bemerkt hast, dass du einen Wunsch manifestiert hast? Wenn du beobachtest, wie du kreierst, wirst du feststellen, dass alles, was du in die Existenz gebracht hast, zuvor ein Gedanke war. Ein Gedanke, der zu einem Gefühl wurde, das sich manifestiert hat.

Natürlich manifestiert sich nicht jeder Gedanke. Das wäre furchtbar, denn wir denken Tausende Gedanken am Tag, positive und negative. Wir haben Befürchtungen, Sorgen, Ängste, Zweifel. Würden sich all diese Gedanken manifestieren, wäre unser Leben ein einziges Chaos. Stell dir nur vor, du bist eine frisch gebackene Mama oder gerade Vater geworden und du stellt fest, dass du dir ausmalst, was deinem kleinen Schatz alles passieren könnte! Wenn sich all diese Befürchtungen manifestieren würden, hätte dein Baby eine düstere Zukunft. Es braucht also mehr als flüchtige Gedanken, um etwas in die Existenz zu bringen. Was dafür sorgt, dass sich unsere Gedanken zu einer handfesten Realität verdichten ist das Gefühl. Etwas muss sich für uns real anfühlen, damit es sich manifestieren kann. Unbewusst oder bewusst müssen wir etwas für real halten, um dieser Sache Leben einzuhauchen.

Alles existiert bereits als Option, als Möglichkeit. Jeder Gedanke ist eine mögliche Realität, die darauf wartet, Wirklichkeit zu werden. Du bist es, der diese Gedanken nährt, sie mit einem Gefühl versieht und manifestiert. Und wir tun das meist unbewusst. Wir denken Gedanken, an die wir uns nicht mehr erinnern, versehen sie mit einem Gefühl von Realität und wissen nicht, dass wir damit etwas kreieren. Diese Gedanken basieren auf unseren bewussten oder unbewussten Annahmen, also unseren Schlussfolgerungen, Glaubenssätzen und Überzeugungen, die wir meist nicht einmal kennen.

Die Macht unserer Glaubenssätze

Deine Glaubenssätze sind stärker als alles, wovon andere dich zu überzeugen versuchen. Wenn du eine tiefsitzende Angst vor Hunden hast, nutzt es nicht das Geringste, wenn jemand dir sagt, du müsstest doch keine Angst haben! Selbst wenn sie dich mit vernünftigen Argumenten überschütten, wirst du deine Emotionen gegenüber Hunden nicht nur deswegen loslassen können. Du verstehst schon, dass es sich ja nur um einen kleinen Rehpinscher handelt, der dich nicht einmal großartig verletzten könnte, wenn er wollte. Nicht einmal das Argument, dass er an der Leine ist, still sitzt und freundlich mit dem Schwanz wedelt, hilft dir. Dein Körper will dich zum Rückzug überreden, weil er den Angstauslöser vermeiden möchte.

Im Laufe unseres Lebens und vor allem in der Kindheit entstehen Verhaltensmuster und

Glaubenssätze, die nicht anderes sind als Reaktionen auf Ereignisse, an die wir uns vielleicht nicht mehr erinnern können, die wir aber verinnerlicht haben und die sozusagen ein Eigenleben führen. Unser Gehirn prüft bei jedem Erlebnis, ob bereits ein passendes Reaktionsprogramm vorhanden ist. Wenn ja, wird dieses automatisch übernommen. Wenn nicht, wird geprüft, ob die Situation ignoriert werden, oder neu ins Programm aufgenommen werden muss.

Am Beispiel des angsteinflößenden Rehpinschers spult unser Verstand also ein verinnerlichtes Programm ab, das vielleicht in unserer Kindheit angelegt wurde. Vielleicht hatten wir eine Begegnung mit einem Schäferhund, der auf uns zugerannt kam und unsere Mutter hat vor Schreck aufgeschrien. Wir haben ihre Angst wahrgenommen und daraufhin selbst Angst bekommen. Oder wir wurden tatsächlich gebissen und haben daraufhin beschlossen, dass Hunde gefährlich sind und es sie zu vermeiden gilt. Wie auch immer es geschehen ist, was auch immer wir erlebt haben...das Ergebnis ist: Angst vor Hunden. Ein Programm wurde installiert, das automatisch abgespult wird, wenn wir mit einer ähnlichen Situation konfrontiert werden.

Du siehst also, viele unserer Verhaltensmuster und daraus folgenden Glaubenssätze werden sehr früh geformt, setzen sich fest wie Superkleber und hängen davon ab, was wir erlebt und erfahren haben. Und wir sehen sie immer wieder bestätigt, weil wir immer wieder gleich reagieren.

Das gilt nicht nur für traumatische Ereignisse wie den Hundebiss. Es genügt, wenn wir uns immer wieder das Gleiche erzählen. Wie oft habe ich schon den Satz gehört: „Jedes Mal, wenn ich ein freies Wochenende habe, werde ich krank." Du rate, was passiert! An jedem freien Wochenende, legt man sich mit einem Zipperlein ins Bett. Oder: „Ich muss Schokolade nur anschauen und bin ein Kilo schwerer." Oder:

„Jedes Mal, wenn ich Stress habe, werde ich krank.“

Wenn du dich dabei ertappst, solche Sätze zu sagen und zu glauben, wird es Zeit, das zu verändern! Du könntest dir neu Sätze angewöhnen: „An meinen freien Wochenenden mache ich, wozu ich Lust habe“. „Ich kann so viel Schokolade essen, wie ich will und nehme nicht zu.“ „Der menschliche Körper ist für Stress gemacht und kommt super damit klar!“

Du musst es dir nur oft genug erzählen, für wahr halten, es real fühlen und wiederholen. Dein Unterbewusstsein wird es irgendwann abspeichern und dein Verstand wird es glauben und dir die entsprechenden Beweise liefern.

Glaubenssätze formen sozusagen deine Blaupause, deine Funktionsweise, der du dein ganzes Leben folgst und dein Unterbewusstsein wird alles dafür tun, dass du dieser Blaupause treu bleibst, weil es Vertrautes als „sicher“ einschätzt. Das ist wunderbar, wenn es eine positive Blaupause ist, und unangenehm, wenn es eine Negative ist.

Wie viele Menschen kennst du, die bei Stress oder Kummer zu Schokolade oder Zucker in irgendeiner Form greifen? Kein Wunder. Als Baby haben wir süße Milch bekommen, wenn wir geschrien haben und einen Keks oder ein Bonbon, wenn wir uns als Kleinkind weh getan haben. Das ist ein Teil unserer Blaupause: bei Stress und Kummer brauche ich etwas Süßes. Kein Mensch kommt auf die Idee zu sagen: wenn es mir schlecht geht, brauche ich unbedingt ein Radieschen.

Hör dir selbst zu und du wirst entdecken, welche „Wahrheiten" du dir erzählst. Bist du eine von den Dramaqueens, die ständig am Rand des Abgrunds leben? „Meine Kinder treiben mich in den Wahnsinn!" „Das Wetter macht mich fix und fertig!" „Bevor ich noch einen einzigen Sonntag bei seinen Eltern verbringen muss, bring ich mich lieber um!" Kann ja sein, dass es Menschen gibt, die diese ständigen Dramen genießen, aber wenn man ein friedlicheres Leben haben möchte, dann wird es Zeit, diese Sätze umzuschreiben: „Die Kinder verhalten sich ihrem Alter entsprechend.“ „Es gibt kein schlechtes Wetter, wenn man Sonne im Herzen hat.“ „Ich entscheide, wann ich meinen Partner zu seinen Eltern begleite und wann nicht.“

Hör dir also selbst zu und höre auch dem zu, was andere sagen und entscheide, was du glauben willst. So oft vertrauen wir unbesehen dem, was vor allem Experten uns sagen, ohne zu hinterfragen, ob es stimmt und ob wir das zu unserer Realität machen wollen. Ich kannte eine Frau, deren Gynäkologe ihr verkündete, dass sie niemals Kinder bekommen könne. Sie weigerte sich, ihm zu glauben und war kurz danach schwanger.

Wir sind alle anfällig für Suggestion, also für das, was andere uns einreden, absichtlich oder unabsichtlich.

Du hast sicher schon vom sogenannten Placebo-Effekt gehört, über dessen Wirksamkeit es zahlreiche wissenschaftliche Studien gibt. Eine der bekanntesten ist die des amerikanischen Chirurgen Bruce Moseley aus dem Jahr 2002. Er untersuchte den Placebo-Effekt bei chirurgischen Eingriffen. Als Spezialist für Gelenkerkrankungen gehörten Arthroskopien am Knie zu seinen Routine-Behandlungen. Um herauszufinden, wie abhängig der Behandlungserfolgs von der tatsächlichen Operation ist, oder wie sehr er auf dem Placebo-Effekt beruht, inszenierte er ganz normale Operationen, ohne den chirurgischen Eingriff tatsächlich durchzuführen. Die Patienten wurden den üblichen OP–Vorbereitungen unterzogen, tatsächlich operiert wurde aber nur die Hälfte. Den anderen wurde während der Narkose nur die Haut eingeritzt und vernäht. Um die Täuschung so echt wie möglich zu machen, wurde allen Patienten während des Eingriffs eine Knieoperation auf einem Monitor gezeigt, die sie für ihre eigene hielten. Das Ergebnis war verblüffend. Beide Gruppen, die tatsächlich Operierten und die scheinbar Operierten, waren gleich zufrieden mit dem Erfolg des chirurgischen Eingriffs. Moseley betrachtete das als Nachweis für einen Placebo-Effekt. Und es ist wieder mal ein Beispiel dafür, dass der Glaube Berge versetzen und Kniegelenke heilen kann. Unsere Vorstellungskraft ist ein machtvolles Instrument, das wir viel zu selten bewusst einsetzen.

Faszinierend ist auch das wissenschaftliche Experiment, das unter dem Namen Pygmalion Effekt bekannt wurde. Dabei geht es darum, dass sich bestätigt, was verbal übermittelt wird, auch wenn die Aussage nicht den Tatsachen entspricht. Bei diesem Experiment wurde Lehrern einer Schule über zufällig ausgewählte Schüler erzählt, dass sie hochbegabt seien. All jene Schüler, von denen die Lehrer glaubten, sie seien hochbegabt, hatten 8 Monate nach Beginn des Experiments einen deutlich höheren Intelligenzquotienten als die Schüler, die nicht als hochbegabt galten. Die Wissenschaftler kamen zu dem Schluss, dass diese Entwicklung durch die vorweggenommene, positive

Einschätzung der Schüler durch die Lehrer zu einer neuen Erwartungshaltung und einer Verhaltensänderung den Schülern gegenüber geführt hat. Die Kinder bekamen mehr Zuwendung, man gestand ihnen mehr Zeit für die Beantwortung von Fragen zu, Lob und Tadel waren häufiger und intensiver und die Leistungsanforderungen waren höher. Ein interessantes Ergebnis, nicht wahr? Was wir glauben, bestimmt also unsere Erwartungen und unser Verhalten. Ist das nicht spannend?

Wenn wir also wissen, dass unser Glaube unsere Realität bestimmt, ist es da nicht an der Zeit, genau zu prüfen, was wir glauben wollen? Du könntest selbst ein Experiment starten und all deine Glaubenssätze und Erwartungen in Bezug auf deine Kinder oder deinen Partner überprüfen und gegebenenfalls verändern. Wäre es nicht wunderbar, wenn wir glauben würden, dass unsere Lieben wunderbar und begabt sind und wir erwarten, dass sie aufblühen? Probiere es aus und lass dich überraschen!

Lass also nichts mehr zu, dass du nicht denken und hören willst. Hör und denk ab jetzt, was du denken und hören willst und beginne es zu glauben.

Unsere unbewussten Glaubenssätze

Der Mensch denkt und das Unterbewusstsein lenkt. Die meisten von uns sind sich ihrer Gedanken nicht bewusst und auch wenn wir damit beginnen, unsere Gedanken zu beobachten, entwischen uns die meisten. Wir denken sie unbewusst und steuern so unsere Manifestationen. Deswegen müssen wir unser Unterbewusstes manipulieren, indem wir nicht nur neu denken, sondern die gewünschten Gedanken wiederholen und sie mit einem Gefühl versehen. Was sich manifestiert, sind unsere dominanten Glaubenssätze, derer wir uns meist nicht bewusst sind. Unser Unterbewusstsein dominiert unseren Verstand.

Unsere Glaubenssätze werden aufgrund unserer Erfahrungen geprägt. Egal ob das eine persönliche Erfahrung ist oder eine, die wir von anderen übernommen haben. Und wir haben eine Emotion damit verknüpft. Diese Emotion ist es, die den Glaubenssatz stark macht. Eine Emotion macht ein Erlebnis für uns real und damit auch die damit verbundene Erfahrung und die darauf folgende Schlussfolgerung, also Bewertung des Ereignisses. Auch wenn wir uns nicht mehr daran erinnern, dass wir diese Schlussfolgerung gezogen haben.

Ein Beispiel: Als Kind haben wir es vielleicht geliebt, im Mittelpunkt zu stehen. Wann immer wir ein Publikum hatten, haben wir gesungen, getanzt, Geschichten erzählt. Wenn wir dann jedes Mal zu hören bekommen haben: „Sei nicht so vorlaut, dräng dich nicht immer den anderen auf, es ist unhöflich, andere zu unterbrechen, man stellt sich nicht in den Mittelpunkt, keiner will hören, was du zu sagen hast, wenn du nicht endlich still bist, schick ich dich auf dein Zimmer, keinem gefällt dein lautes Singen, wenn du nicht lernst, dich zurückzuhalten, darfst du nicht mit den Erwachsenen feiern!“, dann machen wir die Erfahrung, dass es nichts bringt, sich zu zeigen oder dass wir bestraft werden, wenn wir uns und unsere Freude daran, im Mittelpunkt zu sein, zu deutlich zeigen.

Und diese Trauer, Scham oder Wut, die wir deswegen empfinden, verbinden wir mit den Momenten, in denen wir uns gezeigt haben. Trauer, Scham und Wut sind Emotionen, die sich nicht gut für uns anfühlen und wir versuchen, sie zu vermeiden. Deswegen werden wir vermeiden, uns zu zeigen. Und das ist keine gute Basis dafür, unsere Talente in die Welt zu bringen, einen Beruf zu ergreifen, in dem man vor Gruppen sprechen muss oder in Beziehungen für sich einzutreten und offen zu sagen, was man möchte.

Unser Unterbewusstsein lässt uns davor zurückschrecken, weil wir „Sich zeigen“, „Sich in den Mittelpunkt stellen“, „Zu tun, was man gern tun würde“ mit dem Gefühl von Trauer, Scham oder Wut verbinden, das wir unter allen Umständen vermeiden wollen.

Hätten wir Eltern gehabt, die unsere Lust, uns vor anderen zu präsentieren, gefördert hätten, hätten wir diese Erlebnisse mit positiven Emotionen verbunden. Mit Stolz, Freude, dem Gefühl, anerkannt zu sein, uns selbst trauen zu können, geliebt zu sein. Und wir hätten höchstwahrscheinlich keine Schwierigkeiten, Vorträge zu halten, in der Öffentlichkeit zu singen oder in Beziehungen unsere Bedürfnisse auszudrücken.

Wenn wir also unseren Glaubenssatz „Wenn ich mich zeige, werde ich bestraft." verändern wollen, müssen wir unsere vergangenen Erfahrungen umschreiben, andere Emotionen damit verknüpfen und so aus einem neuen Gefühl heraus agieren. Das geschieht durch die Revision, der ich ein eigenes Kapitel gewidmet habe.

Glaubenssätze, die wir aufgrund des Verhaltens anderer entwickeln

Nicht immer sind es eigene Erfahrungen, die uns prägen. Oft nehmen wir Glaubenssätze bei unseren Eltern wahr, die wir verinnerlichen und für uns real machen. Wenn wir zum Beispiel eine Mutter haben, die gelernt hat, dass man als Frau für den Mann und Sohn aufräumen muss, dann ist es sehr wahrscheinlich, dass wir als Tochter diese Annahme übernehmen. Das muss nicht bedeuten, dass wir ebenso hinter unseren Männern her räumen, wie unsere Mutter es getan hat. Es könnte ebenso gut bedeuten, dass wir allergisch reagieren, wenn wir etwas für einen Mann tun sollen. Wir werden uns also entweder dem Glaubenssatz unserer Mutter anpassen, oder gegen ihn rebellieren. Beides nimmt uns die Leichtigkeit, die wir mit dem Thema haben könnten. Die Freude, etwas für andere zu tun oder die Entscheidung, das Aufräumen anderen zu überlassen, wird dann geprägt durch unseren emotionalen Bezug zum Thema „Männer und Frauen und ihre Rollen innerhalb der Familie“.

Als Kinder nehmen wir Emotionen bei anderen wahr, ohne es zu bemerken. Wir reagieren nur darauf und entwickeln Strategien, sie zu vermeiden. Diese Strategien behalten wir bei, ohne uns dessen bewusst zu sein.

Ein Kind, dessen Vater oder Mutter oft zornig ist und dann brüllt und tobt oder sogar schlägt, nimmt diese wütenden Emotionen wahr, empfindet sie als bedrohlich und entwickelt Strategien, sie zu vermeiden. Jemand, der gewohnt ist, Zorn und Wut aus dem Weg zu gehen, wird danach trachten, Harmonie zu schaffen, um nicht wieder diesem Gefühl ausgesetzt zu sein.

Der Glaubenssatz, den wir dann entwickeln ist: ich muss für Harmonie sorgen, damit nichts Schlimmes passiert. Oder: ich bin schuld daran, wenn jemand wütend ist. Oder: wenn ich wütend bin, bin ich mächtig und das darf ich nicht sein. Oder: wenn ich für mich eintrete, werde ich nicht mehr geliebt. All das sind Glaubenssätze, die wir in der Kindheit gelernt haben. Und wir haben sie gelernt, weil wir Strategien finden mussten, um unangenehme

Gefühle oder bedrohliche Situationen zu vermeiden.

Nichts davon entspricht dem, was wir sind, was wir sein können, was wir uns wünschen zu sein. Und dennoch bestimmt es unser Verhalten und wir wundern uns, weshalb wir so viel unterdrückte Wut in uns haben, uns nicht vorstellen können, auf den Tisch zu hauen, oder warum wir unser Verhalten den vermeintlichen Wünschen anderer anpassen.

Glaubenssätze, die in der Luft liegen

Das sind die Annahmen, die wir nicht hinterfragen, weil alle anderen sie für richtig und real halten. Wir glauben unbesehen, was wir in den Nachrichten hören. Zumindest das, was wir in den „seriösen" Nachrichtensendungen hören, was wir in den „seriösen" Zeitungen lesen. Wir glauben, was Experten behaupten, angesehene Wissenschaftler oder über jeden Zweifel erhabene Religionsführer. Wir glauben, dass Zucker schädlich ist, Zähneputzen für gesunde Zähne sorgt und wir länger leben, wenn wir uns auf die „richtige" Art und Weise ernähren. Man hat uns das immer wieder gesagt, es ist wissenschaftlich bewiesen und alle anderen glauben es auch.

Das sind Glaubenssätze, die sozusagen allgemeingültig sind. Niemand stellt sie in Frage.

Wir glauben, dass der Mensch das Klima verändert, dass Politiker korrupt sind und dass die Gier nach Geld die Erde zerstört. Wir glauben das, weil alle das sagen! Wir glauben es, weil wir es immer schon gehört haben! Wir glauben es, weil die anderen es auch glauben. Wir stellen all diese Dinge nicht in Frage, wir kommen nicht einmal auf die Idee, etwas so Offensichtliches in Zweifel zu ziehen. Einfach nur deswegen, weil „man“ das heutzutage eben weiß. Ob das nun „objektiv“ wahr oder nicht ist, sei dahingestellt. Darum geht es nicht.

Es geht darum, dass Gedanken unsere Realität erschaffen. Was erschaffen wir also mit den immer gleichen Gedanken? Die immer gleiche Realität.

Wäre es nicht wunderbar, wenn wir real fühlen würden, wie wunderbar die Welt ist? Wie die Erde sich erholt hat? Wie die Politiker aller Länder gemeinsam an einem Strang ziehen für gesunde und fröhliche Menschen in einer intakten Umwelt? Natürlich würde man dann zu hören bekommen, dass man ein Spinner ist und dass das nichts mit der Realität zu tun hat. Aber die Realität wird sich niemals verändern, wenn wir nicht beginnen, uns etwas anderes vorzustellen. Die ewig gleichen Gedanken erschaffen die ewig gleichen Wirklichkeiten.

Wir neigen dazu, am Morgen so zu erwachen, wie wir am Abend eingeschlafen sind. Wir schlafen ein mit unseren Sorgen und wachen auf mit unseren Sorgen.
Tag für Tag.
Wenn wir anders aufwachen wollen, müssen wir anders einschlafen. Mit anderen Gedanken und anderen Gefühlen, als unseren gewohnten. Wir können das bewusst tun, indem wir vor dem Einschlafen die schönsten Bilder und Gefühle aufsteigen lassen, an die wir uns erinnern.
Wir werden besser schlafen und glücklicher aufwachen. Geh schlafen mit schönen Gedanken und starte deinen Tag mit einem guten Gefühl.
Bleib so lange wie möglich darin, der ganzen „Realität" da draußen zum Trotz.
Tag für Tag.

Widersprüchliche Gedanken

Unser Unterbewusstsein ist wie ein nervöses Pferd. Wir müssen lernen, es zu reiten, sonst geht es durch, galoppiert mit uns über Stock und Stein und wirft uns schließlich ab. Du, als der Reiter, musst die Führung übernehmen und das kannst du nur, wenn du weißt, wie du ein Pferd lenkst. Wenn du lernst, wie du dein Unterbewusstsein lenken kannst, bist du der Boss in deinem Leben und musst dich nicht mehr wundern, wie zum Teufel all die unangenehmen Dinge passiert sind, die du dir doch niemals gewünscht hast.

Wir können unser Unterbewusstsein steuern, indem wir ihm bewusst, gezielt und beständig neue Informationen vermitteln. Wir tun das über unseren Verstand. Neue Gedanken, gekoppelt mit Emotionen verändern die Ausrichtung unseres Verstandes und wirken dadurch auf unser Unbewusstes. Wir denken ununterbrochen, wir denken meist die gleichen Gedanken wie gestern und vorgestern und vorvorgestern. Und ein Großteil dieser

Gedanken ist widersprüchlich. Sie sind vollkommen entgegen gesetzt und schließen einander aus. Dadurch verwirren sie unseren Verstand, der keine sich widersprechenden Befehle verarbeiten kann.

Widersprüchliche Gedanken sind zum Beispiel: ich liebe Essen, ich hasse Essen. Jemand, der unbedingt abnehmen möchte, hat Widerstand gegen köstliches Essen, weil er glaubt, es würde ihn dick machen und gleichzeitig liebt er es, hätte es gern und sehnt sich danach, weil es so gut schmeckt und tröstet und befriedigt.

Oder jemand möchte reich sein. Er denkt: ich möchte Geld. Der nächste Gedanke ist: aber ich möchte nicht auf die freien Wochenenden verzichten. Er hat die Annahme, dass nur Menschen, die ununterbrochen arbeiten, Geld verdienen können.

Oder jemand sehnt sich nach einer erfüllten Partnerschaft. Er denkt: ich möchte einen Partner. Und gleichzeitig denkt er: ich möchte meine Freiheit behalten. Er hat die Überzeugung, dass man in Partnerschaften unfrei ist.

Vielleicht hast du dich in dem einen oder anderen Beispiel wiedererkannt. Wir alle haben widersprüchliche Gedanken und die, die uns von der Erfüllung unserer Wünsche abhalten, sind die, die auf den Glaubenssätzen beruhen, die wir mit uns herum schleppen.

Es gilt also unsere Gedanken zu beobachten, damit tatsächlich bemerken, was wir denken und dann damit aufhören, das zu denken, was wir nicht denken wollen. Stattdessen füttern wir unseren Verstand mit den Gedanken, die wir denken wollen!

Stell dir vor, du würdest gern ein Buch schreiben. Gleichzeitig hast du die Vorstellung, um ein Buch zu schreiben, muss man einsam in seinem Büro vor dem Computer sitzen. Du willst aber nicht einsam vor deinem Computer sitzen, ausgeschlossen von all den wunderbaren Dingen, die du stattdessen tun könntest. Dann denke bewusst: Ich liebe es, Bücher zu schreiben! Bücher schreiben ist eine wunderbare Beschäftigung! Gleichzeitig stellst du dir vor, wie du glücklich am Computer sitzt und schreibst! Wie wunderbar du dich fühlst, wenn du im Flow bist, wenn die Buchstaben in rasender Geschwindigkeit auf dem Bildschirm erscheinen, weil deine Finger gar nicht so schnell tippen können, wie deine Ideen fließen! Ich kann dir garantieren: früher oder später wirst du dein erstes Buch schreiben und es lieben!

Denk immer daran. Unser Verstand ist faul und ein Gewohnheitstier, ist aber in der Lage durch beständige Wiederholung zu lernen. Wenn unser Verstand sich erst einmal an unsere neuen Gedanken gewöhnt hat, wird er gehorchen und diese neuen Gedanken als vertraut akzeptieren.

Unser Geist liebt Vertrautes und vermeidet Neues. Wie vertraut ist deinem Verstand zum Beispiel Selbstkritik? Wie ungewohnt ist ihm Selbstlob? Du kannst das verändern. Gewöhne deinen Verstand daran, dass du dich gut findest! Ändere deinen inneren Dialog von Selbstkritik auf Selbstlob und kümmere dich nicht darum, ob du dir selbst glaubst, was du da erzählst. Ich kann dir versichern, dass es deinem Verstand vollkommen egal ist, ob du ihn anlügst oder nicht. Was du ihm beständig erzählst, daran gewöhnt er sich und das wird ihm vertraut. Fühle, wie du dich fühlen würdest, wenn du bereits der Mensch wärst, der du sein möchtest und denke wie dieser Mensch über dich selbst. Dein Verstand wird folgen und schließlich auch dein Unterbewusstsein.

„Positives Denken“ allein genügt nicht. Du musst real fühlen, was du denkst und beständig bleiben.

Das sind alles keine neuen Weisheiten. Schon Marc Aurel wusste es: „Das Glück Deines Lebens hängt von der Beschaffenheit Deiner Gedanken ab“

Und Buddha hat gesagt: „Das, was du heute denkst, wirst du morgen sein“

Und der amerikanische Psychologe William James: „Mein Erleben ist das, worauf ich mich entschieden habe, meine Aufmerksamkeit zu richten“

Wir haben es immer schon gewusst, wir wissen es jetzt, wir haben es nur ein wenig vergessen. Zeit, unser Wissen wieder auszupacken!

Du kannst die Welt verändern

Die Welt verändern...ist das nicht ein Wunsch, der in den meisten Menschen schlummert? Die Welt ein wenig besser zu hinterlassen, als wir sie vorgefunden haben? Wenn wir also wissen, dass unsere Gedanken unsere Wirklichkeit erschaffen, dann lohnt es sich, auf seine Gedanken zu achten. Es lohnt sich zu erkennen, worauf wir unseren Fokus, unsere Aufmerksamkeit richten.

Sehen wir mehr Positives oder Negatives? Ist unser vielzitiertes Glas halb voll oder halb leer? Sehen wir Probleme oder Möglichkeiten? Mit anderen Worten: in welchem Zustand befinden wir uns? Sind wir optimistisch oder pessimistisch? Glauben wir daran, dass alles immer gut ausgeht oder erwarten wir die nächste Katastrophe? Unser Zustand bestimmt darüber, wie wir die Welt sehen und wie wir unsere Realität manifestieren.

Ein reicher Mann glaubt daran, dass er immer Geld haben wird. Ein armer Mann glaubt, dass

Armut sein Schicksal ist. Zumindest ist das seine unbewusste Annahme, ganz gleich was er sagt oder zu denken meint.

Das Gute ist: wir können unseren Zustand wählen. Wenn wir glauben, dass es keine Hoffnung mehr gibt und die Erde zum Untergang verurteilt ist, dann werden wir diese Realität verstärken und immer weiter manifestieren. Sobald wir uns dabei ertappen, können wir unsere Sichtweise ändern. Wir können uns erzählen, dass wir in der Lage sind, etwas zu verändern, dass wir wichtig sind, dass es wichtig ist, was wir sind und tun.

Wir können unseren Zustand von hoffnungslos auf hoffnungsfroh verändern! Jeder, der sich schon mal durch einen lustigen Film von seinem Kummer hat ablenken lassen, hat die Erfahrung gemacht, wie schnell man seinen Zustand wechseln kann. Wir können tatsächlich die Welt verändern, wenn unsere dominanten Gedanken positiv sind. Automatisch werden wir mehr Positives sehen und mehr Positives manifestieren!

Ein entspannter Zustand

Ich kann mir vorstellen, dass du dich jetzt an die Arbeit machst! Du machst dich an die Arbeit, dir etwas anderes vorzustellen, etwas, was du gern für dich und andere in der Welt sehen möchtest!

Danke, dass du das tust und lass mich dich kurz aufhalten in deinem Vorwärtsdrang...nur ganz kurz.

Wenn du dich an die „Arbeit" machst, dann ist das dein Wille, der dich lenkt. Du willst etwas verändern und also legst du los. Du wirst dich bemühen und vielleicht sogar anstrengen, um deinen Geist in eine andere Richtung zu lenken. Das funktioniert nicht so gut. Es funktioniert viel besser, wenn du dich einem neuen Gefühl hingibst. Dem Gefühl, dass alles schon erledigt ist.

Na, ist das nicht viel besser als seinen Willen zu bemühen und angestrengt daran zu arbeiten? Stell dir vor, du hast eine schwierige Aufgabe zu erledigen. Du machst dich auf den Weg, tust, was immer getan werden muss, strengst dich an und am Ende ist es geschafft und du bist erleichtert, zufrieden mit dir und glücklich, dass es erledigt ist. Das ist das Gefühl, zu dem ich dich einladen möchte.

Denk an einen Moment, in dem du genau dieses Gefühl hattest und tauch darin ein. Entspann dich, schließ die Augen und bring dich zu diesem Moment zurück. Zu diesem Moment, in dem der Job erledigt war und du glücklich warst darüber. Es gibt nichts mehr zu tun. Es ist geschafft. Erledigt.

DAS ist Gefühl. DAS ist der Zustand, in dem du sein möchtest, wenn du dir etwas vorstellst. DAS ist das Geheimnis.

Spürst du, wie dein Körper und dein Geist sich entspannen? Wie das Gedanken-Hamsterrad zum Stillstand kommt und du in einem Zustand der Gelassenheit und des Friedens bist? Erinnere dich an diesen Zustand und nutze ihn für die Zukunft, wenn du deine nächsten Wünsche in die Existenz bringen möchtest.

Sobald ein Wunsch auftaucht, entspanne dich und stell dir vor, wie es wäre, wenn der Wunsch bereits erfüllt wäre. Statt nach dem WIE zu suchen. Statt dir zu überlegen, wie du es anstellen kannst, deinen Wunsch zu erfüllen. Statt darüber nachzudenken, was alles dagegen spricht. Das WIE ist etwas, mit dem wir uns nicht befassen müssen. Unser Job ist es, uns zu entspannen und uns vorzustellen, wie wir uns fühlen würden, wenn unser Wunsch bereits manifestiert wäre. Dieser Zustand hindert unser Gehirn am Nachdenken und hilft uns dabei, unser Unterbewusstsein zu aktivieren. Im entspannten Zustand verlangsamen sich die Gehirnwellen und das ist es, was wir wollen. Wir wollen unseren Verstand ins Bett schicken und real fühlen, dass das, was wir wollen, bereits da ist.

Wir manifestieren die ganze Zeit. Unser Unterbewusstsein manifestiert die ganze Zeit. Und Zugang zu unserem Unterbewusstsein haben wir nur, wenn wir in diesem seligen, entspannten Zustand sind, den wir zwischen Schlafen und wach sein haben. Das ist die magische Zeit, in der wir dafür sorgen können, dass sich die Dinge manifestieren, die wir uns tatsächlich wünschen.

Einfach so manifestieren

Manchmal müssen wir nur an etwas denken und schon ist es da. Wir haben nicht einmal richtig bemerkt, dass wir uns etwas gewünscht haben. Wir sind einfach unbewusst davon ausgegangen, dass es passieren wird!

Wenn du jetzt darüber nachdenkst: wie oft hast du aus dem Nichts manifestiert? Du hast einfach flüchtig daran gedacht, dass es doch schön wäre, wenn dies oder das so wäre und plötzlich war es da! Oft konntest du dich nicht einmal daran erinnern, dass du den Wunsch überhaupt hattest oder du darüber nachgedacht hast. So funktioniert es, wenn unser Unterbewusstsein mit unseren Wünschen im Einklang ist und keine Barrieren gegen den Wunsch hat.

Ich kann mich noch erinnern, als ich einmal an einem hübschen Haus vorbei gegangen bin, das eine seltsam langweilige graue Haustür hatte und mir dachte: „Diese Haustür würde viel besser zu diesem hübschen Haus passen, wenn sie in einer leuchtenden Farbe gestrichen wäre."

Als ich zufällig ein paar Stunden später an diesem Haus vorbei fuhr, war die Haustür blau. Im ersten Moment habe ich mir nichts dabei gedacht, aber ein paar Kilometer weiter ist mir siedend heiß eingefallen, dass ich mir die Haustür am Vormittag in einer anderen Farbe vorgestellt hatte und ich war ziemlich beeindruckt von der Geschwindigkeit, mit der unsere Vorstellungskraft in der Lage ist zu funktionieren, wenn wir nichts dagegen haben.

Und wann haben wir nichts dagegen? Wenn wir keinerlei Schlussfolgerungen, Ansichten und Annahmen in Bezug auf den Wunsch haben. Das bedeutet: der Wunsch taucht auf, wir stellen uns für einen Moment und meist völlig unbewusst vor, dass der Wunsch bereits Realität wäre. Wir sehen also das „Ding“ vor unserem geistigen Auge und fühlen real, dass es da ist und dann kümmern wir uns nicht weiter darum. Wir machen es nicht wichtig, nicht bedeutsam, wir lassen los. Nicht den Wunsch, aber das WIE. Wir denken nicht darüber nach, wie es passieren könnte oder warum es nicht passieren könnte. Wir haben keinerlei Zweifel und wir haben keinen unbewussten Glaubenssatz, der uns daran hindert, den Wunsch zu manifestieren.

In meinem Beispiel mit der Tür: ich hatte keinerlei Schlussfolgerungen, Ansichten oder Annahmen in Bezug auf bunte Türen. Die Vorstellung einer bunten Tür ist aufgetaucht, ich hab sie kurz vor meinem geistigen Auge gesehen, habe befunden, dass sie hübsch aussieht in der neuen Farbe und hab nicht weiter daran gedacht. Es war mir nicht wichtig, ob die Tür bunt ist. Ich habe nicht darüber nachgedacht, wie ich es anstellen soll, der Tür eine neue Farbe zu verpassen. Ich hatte keine Ansichten darüber, ob es möglich ist oder nicht, dass bunte Türen existieren, hatte keinen Zweifel daran, dass diese Tür bunt sein kann und ich hatte keinen unbewussten Glaubenssatz am Start, der mir verboten hätte, bunte Türen haben zu dürfen.

So einfach manifestiert unsere Vorstellungskraft, wenn es nichts gibt, was sie daran hindert. So einfach manifestieren WIR, wenn wir uns nicht unbewusst oder durch unseren Verstand daran hindern.

Es geht nicht jedes Mal so schnell. Zeit ist eine menschliche Erfindung, die uns Grenzen setzt und wir machen Zeit bedeutsam, weil wir uns Termine setzen.

Und dennoch funktioniert unsere Vorstellungskraft auf die immer gleiche Art und Weise, egal ob sie schnell oder langsam manifestiert.

Vor 20 Jahren etwa habe ich einen irischen Wolfshund in einem Restaurant gesehen. Ich weiß noch, dass mir beinahe der Atem gestockt hat. Ich schaute diesem wunderschönen Riesen in die Augen und war schlagartig glücklich. Mein Herz hat schneller geschlagen und ich fühlte mich wie ein kleines Kind, das zum ersten Mal in den Zirkus darf. „So einen will ich auch mal." Ich bin mir sicher, dass ich das damals gedacht habe, obwohl ich mich nicht mehr wirklich daran erinnern kann. Ich kann mich nur noch an dieses Glücksgefühl erinnern, als ich ihn betrachtet habe.

An dieses Erlebnis habe ich mich erst kürzlich wieder erinnert. Mittlerweile, etwa 20 Jahre später, habe ich einen irischen Wolfshund und freue mich schon darauf, mehr als einen zu haben. Aber dieses Erlebnis im Restaurant war vollkommen aus meinem Bewusstsein entschwunden. Ich habe erst vor einiger Zeit wieder daran gedacht, als ich meiner wunderschönen Hündin in die Augen geschaut habe.

In meinem Unterbewusstsein allerdings hat der Wunsch von damals weiter gewirkt. Er hat sich erfüllt, als ich alle Widerstände aus dem Weg geräumt hatte, die mich daran gehindert haben, einen irischen Wolfshund in mein Leben zu bringen. Die Widerstände waren eher praktischer Art in diesem Fall. Mein damaliger Mann mochte keine Hunde und im Rückblick habe ich gut daran getan, mir nach der Scheidung erst mal einen mittelgroßen Hund zuzulegen. Jetzt, mit meinem neuen Ehemann, der Hunde und speziell große Hunde liebt, mit genügend Geld, um ein größeres Auto zu kaufen und mit genügend Zeit, mich um mein Wölfchen und seinen erhofften Nachwuchs zu kümmern, hat sich mein Wunsch erfüllt, meine Vorstellung manifestiert.

An diesen beiden Beispielen siehst du, wie einfach es tatsächlich ist, zu manifestieren. Wenn, ja wenn wir keine Widerstände dagegen haben und keine Anstrengung verwenden.

Wenn wir nicht unseren Willen bemühen, sondern uns dem Wunsch hingeben, das Wie loslassen und wenn wir sofort wieder vergessen, dass wir auf die Erfüllung warten müssen.

Wir haben einen Samen gesetzt, der im Verborgenen wächst. Wir müssen nicht die Erde aufwühlen, um nachzusehen, ob er wächst. Wir müssen uns keine Gedanken darum machen, ob er genährt wird. Wir leben unser Leben und ernten, was wir gesät haben, wenn aus dem Samen die Pflanze geworden ist, die für uns gewachsen ist.

Unser Leben ist das Ergebnis unserer früheren Vorstellungen

Alles, was jetzt in deinem Leben ist, hast du dir irgendwann einmal vorgestellt. Irgendwann hast du es als Realität gefühlt, auch wenn du es wieder vergessen hast. Das kann gestern gewesen sein, oder vor 20 Jahren. Alles, was wir uns vorstellen und real fühlen, muss sich manifestieren.

Das musst du nicht glauben, aber du könntest in Erwägung ziehen, dass es stimmt. Wenn du lieber etwas anderes annehmen möchtest, wie etwa die Macht des Schicksals, den lieben Gott oder Karma, dann bleibt dir das unbenommen. Ich allerdings finde es erleichternd und gleichzeitig ermächtigend, an mich und meine wunderbare Vorstellungskraft als einzige Ursache zu glauben.

Du kannst es ja ausprobieren. Stell dir etwas Unwichtiges vor, wie einen Blumenstrauß auf deinem Schreibtisch, eine Frau in einem karierten Kleid im Supermarkt oder deinen Chef, der dir freundlich einen Guten Morgen wünscht. Lauter unwichtige, bedeutungslose Dinge. Stell es dir vor, fühl es real und denk nicht weiter darüber nach. Mit etwas Glück wirst du dich daran erinnern, dass du es dir vorgestellt hast, wenn es dann tatsächlich eintritt.

Wenn also alles, was wir JETZT sehen, das Ergebnis vergangener Vorstellungen ist, dann erschaffen wir die Zukunft mit den Vorstellungen, die wir JETZT haben.

So einfach ist es, oder? Womit wir wieder bei den verflixten Vorstellungen sind, die wir unbewusst haben. Die immer noch die gleichen sind, die wir in der Vergangenheit hatten und die immer weiter manifestieren, was wir im JETZT bereits haben.

Schau dir die Dinge an, die jetzt in deinem Leben sind und frag dich: Will ich das? Finde dich nicht damit ab. Erzähl dir nicht, dass es schon ok ist, dass nichts anderes möglich ist oder dass es Gründe gibt, weshalb es so ist. Deine Vorstellungskraft ist die einzige Ursache für alles, also verwende sie so, dass sich die Dinge manifestieren, die du haben willst.

JETZT ist die Zeit, etwas zu verändern, wenn du etwas nicht mehr willst. Also frag bei all den Situationen, die dir nicht gefallen: will ich das? Wenn du es nicht mehr haben willst, dann stell dir vor, wie du es haben willst. Stell es dir vor, fühle es real und gib dich diesem Zustand hin.

Wir alle wollen glücklich sein. Für jeden sieht Glück ein wenig anders aus, aber im Grunde genommen wollen wir alle uns sicher fühlen. Wir alle wollen geliebt werden. Wir alle wollen uns verbunden fühlen. Wir wollen in einer Welt ohne Mangel leben. Das ist ein guter Anfang. Wie sieht es in deinem Leben aus? Sind diese Grundvoraussetzungen erfüllt? Wenn nicht – und bei den meisten Menschen sind diese Voraussetzungen nicht erfüllt - dann stell dir vor, wie du dich fühlen würdest, wenn all diese grundlegenden Erfordernisse erfüllt wären.

Damit beginnst du, Vorstellungen zu entwickeln, die dir eine Zukunft bescheren, die anders ist als dein JETZT.

Was macht mich glücklich?

Negiere niemals die Dinge, die dich glücklich machen. Wir neigen dazu. Wenn wir im Büro sitzen und auf den Computerbildschirm starren, dann wünschen wir uns vielleicht, einen Spaziergang im Wald zu machen, am Strand zu liegen, oder ein eigenes Business aufzubauen. Dann verdrängen wir den Wunsch, der uns gerade in den Sinn gekommen ist, denn wir sitzen ja hier und haben keine Zeit für all diese Dinge. Oder kein Geld. Oder keine Gelegenheit. Also schieben wir den Wunsch in den Hinterkopf und konzentrieren uns wieder auf unseren Bildschirm. Das ist schade. So ein schöner Wunsch, der da gerade aufgestiegen ist!

Wie wäre es, wenn wir stattdessen real fühlen würden, dass wir im Wald sind, am Strand oder in unserem eigenen Büro, mit unserem eigenen Business beschäftigt? Kurz die Augen schließen, das gewünschte Bild sehen, den Wald, das Meer oder unser eigenes Büro. Riechen, was es dort zu riechen gibt. Hören, was es da zu hören gibt.

Mit unseren Händen spüren, was es da zu spüren gibt.

Das muss nicht lange dauern. Ein paar Sekunden genügen, in denen wir die erdachte Szene als real empfinden. Und einfach eintauchen in dieses Gefühl. Und solange wie möglich darin bleiben, während wir an unserem Schreibtisch sitzen und weiter arbeiten. Die Arbeit geht dir garantiert lockerer von der Hand, wenn du in dem Zustand deines bereits erfüllten Wunsches bist.

Achte auf die Dinge, die dich glücklich machen, freu dich über deine Sehnsucht danach und erkenne den Wunsch an. Jeder Wunsch ist gut und richtig, einfach weil es deiner und aus den Tiefen deines Unterbewusstseins aufgestiegen ist und sich gemeldet hat.

Der eine wünscht sich einen Wolfshund, der andere eine Million auf dem Konto und der nächste eine Salami-Pizza. Wunsch ist Wunsch und kann real gefühlt werden.

So viele Menschen wissen nicht, was sie sich wünschen. Wenn man sie fragt, beginnen sie zu überlegen und wägen ab, welcher Wunsch der wichtigste ist und welcher besser als der andere und am Ende fällt ihnen nicht wirklich etwas Konkretes ein. Die Antwort ist dann meist: finanzielle Freiheit, glücklich sein, gesund sein.

Das ist selbstverständlich und zeigt, dass wir auf unsere kleinen oder großen individuellen Wünsche nicht wirklich achten.

Dabei ist das ein so schönes Übungsfeld für die Vorstellungskraft und gleichzeitig eine wichtige Erkenntnis: wir haben das Recht auf unsere Wünsche und sind in der Lage, sie uns zu erfüllen. Kein Wunsch ist schlechter als der andere und jeder Wunsch ist in Ordnung, weil er von uns kommt. Wir sind die Schöpfer unseres Lebens und Wünsche sind ständig da. Wir hören niemals auf zu wünschen und nach der Erfüllung eines Wunsches, steigt ein anderer auf. Wir müssen uns nicht zufrieden geben, mit dem was ist. Das wäre Stillstand. Steht die Natur jemals still? Das Universum? Unsere Körperzellen? Alles entwickelt sich immer weiter und weiter und das tun wir auch, wenn wir uns das erlauben und unsere Wünsche nicht unterdrücken, die der Motor für unsere Entwicklung sind.

Es ist eine gute Idee; Notiz davon zu nehmen, wenn etwas deine Lichter aufleuchten lässt! Was macht mich glücklich, wenn ich nur daran denke? Ich bin sicher, dass dir sofort etwas einfällt, wenn du die Frage auf diese Art und Weise stellst. Lass den Glücklichmacher aufsteigen und an die Oberfläche kommen, wo du ihn betrachten kannst. Ohne zu bewerten, ob das ein guter oder richtiger oder allgemein anerkannter Glücklichmacher ist. Wenn eine Briefmarkensammlung deine Augen zum Funkeln bringt, dann ist es eben die Briefmarkensammlung. Rede dir nicht ein, dass du stattdessen die Tiger-Safari in Indien buchen solltest, weil das der Herzenswunsch deines besten Freundes ist. Was uns glücklich macht ist so individuell wie unser Fingerabdruck und gehört ebenso zu uns, wie unsere Finger.

Das einzigartige Geschenk

Ich sehe die Vorstellungskraft als unser einzigartiges, menschliches Geschenk.

Ein Geschenk, über das nur wir verfügen. Wir sind in der Lage, uns Vergangenheit und Zukunft vorzustellen, Tiere zum Beispiel leben im Jetzt. Sie stellen sich nicht vor, wie ihre Zukunft aussehen könnte. Ob sie hoffentlich gesund bleiben, oder ob sie morgen auch wieder einen Knochen bekommen, oder ob ihr Frauchen sie nächstes Jahr mit in den Urlaub nimmt. Sie denken auch nicht über die Vergangenheit nach und überlegen, was sie anderes hätten tun können, um zu verhindern, dass man ihnen den schicken Lederstiefel weg nimmt, den sie im Vorzimmer gefunden haben. Sie hinterfragen auch nicht, ob es ein Unrecht gewesen ist, den Lederstiefel zu zerkauen und sie denken nicht darüber nach, was sie tun können, um den Schaden wieder gut zu machen. Solche Überlegungen stellen nur wir Menschen an. Über die Vorstellungswelt der Pflanzen wage ich keine Behauptungen anzustellen, aber ich nehme an, dass sie auch eher im Jetzt sind. In einem langen, ausgedehnten, endlosen Jetzt.

Und im Jetzt sein, das wollen wir doch auch. Wir haben gelernt, dass wir die Vergangenheit loslassen und uns keine Sorgen über die Zukunft machen sollen. Das ist ein wunderbarer Rat, sofern wir den ganzen Tag meditieren und unsere Gedanken ausschalten können. Den meisten von uns gelingt das nicht einmal 5 Minuten. Und da kommt dann unsere Vorstellungskraft ins Spiel. Wir wissen, dass wir in die Vergangenheit und in die Zukunft reisen können. Wohin wir auch immer gehen in unserer Vorstellung, da sind wir. Wenn wir uns im Geiste in unser Lieblingsrestaurant versetzen, den Wein schmecken, die Tomatensauce riechen und die Musik im Hintergrund hören, dann sind wir dort! Wir haben all unsere Sinne involviert und für unser Gehirn ist es real! Ebenso real, als wenn wir tatsächlich dort sitzen würden!

Wir fühlen es im JETZT! Das ist der Trick! Ebenso können wir in die Zukunft reisen und die Zukunft im Jetzt fühlen. Wenn wir verliebt sind, dann stellen wir uns vor, wie wir in der Kirche stehen und ER uns den Ring an den Finger steckt. Wir sehen die Szene, wir fühlen den Ring auf unserem Finger, hören die Orgelmusik, haben Freudentränen in den Augen und sind glücklich! Im JETZT.

Denn fühlen können wir nur im Jetzt. Wir können nicht vorhin oder nachher fühlen, dass wir glücklich sind. Gefühle haben das Monopol auf das Jetzt.

Wir glauben nur, dass wir vergangenes Leid oder vergangene Freude fühlen. Oder zukünftiges Leid oder zukünftige Freude. Wir erinnern uns an Erlebnisse, oder hoffen auf Ereignisse. Aber wir fühlen im Jetzt!

Wenn wir also daran denken, wie schrecklich der Unfall war und wie sehr wir gelitten haben, dann erinnern wir uns an etwas Vergangenes und fühlen den Schmerz im Jetzt. Wenn wir an den nächsten Urlaub denken, dann sind wir in der Vorfreude auf diesen Urlaub und die Freude fühlen wir jetzt.

Das ist wirklich wichtig zu verstehen, wenn wir begreifen wollen, wie wir unsere Vorstellungskraft benutzen können.

Wir wissen jetzt also, dass wir nur im Jetzt fühlen können und wir wissen, dass unser Gehirn keinen Unterschied kennt zwischen einem tatsächlichen und einem vorgestellten Erlebnis. Darüber gibt es zahlreiche Bücher und wissenschaftliche Untersuchungen und als kleines Beispiel möchte ich folgendes, berühmt gewordenes Experiment erwähnen: das klassische Gummihand-Experiment. Dabei wird die Hand des Versuchsteilnehmers verdeckt, während direkt daneben eine Gummihand auf den Tisch gelegt wird. Dann streichelt man die Hand des Teilnehmers und die Gummihand gleichzeitig mit einem Pinsel oder Wattestäbchen. Der Proband glaubt dann, die Gummihand gehöre zu Ihm und er spürt auch die Berührung in der Gummihand selbst – obwohl er rational weiß, dass das nicht möglich ist. Wenn man dann mit einem Hammer auf die Gummihand schlägt, erschrickt der arme Versuchsteilnehmer zu Tode. Kein sehr liebevolles Experiment, aber es zeigt, dass unser Gehirn nicht unbedingt die „Realität“ wahrnimmt, sondern das, was wir ihm als Realität vermitteln. Und wir vermitteln Realität durch das, was wir fühlen.

Was also ist Realität? Das, was uns unsere wunderbare Vorstellungskraft vermittelt. Dieses einzigartige Geschenk, das nur uns Menschen mitgegeben wurde.

Wie wir die Vergangenheit verändern

Das klingt doch einfach lächerlich, oder? Als könntet wir etwas verändern, das bereits geschehen ist! Als wäre man Gott!

Naja, wenn wir glauben, dass wir und unsere Gedanken, Gefühle und unsere Vorstellungskraft die Schöpfer unserer Realität sind, dann sind wir ja so etwas wie Gott, nicht wahr? Und wenn wir uns als Gott, als Schöpfer betrachten, dann können wir alles verändern. In unseren Gedanken, unseren Gefühlen und in unserer Vorstellungskraft.

Wie verändern wir also die Vergangenheit? Indem wir die Geschichte umschreiben, andere Emotionen damit verknüpfen und schließlich eine andere Erinnerung haben als vorher.

Man könnte das „Revision“ nennen oder „eine neue Geschichte schreiben“ oder „Vergangenheit verändern“. Diese Methode wird in den unterschiedlichsten psychologischen Ansätzen verwendet. Ich nenne sie für mich

Revision, so wie Neville Goddard, Begründer des Gesetzes der Annahme, das getan hat.

Und wie funktioniert es? Ganz einfach. Zuerst einmal schauen wir uns an, was Erinnerungen sind.

Wir erinnern uns an etwas, das in der Vergangenheit geschehen ist. Im Normalfall akzeptieren wir es als Realität, denn es ist nun einmal geschehen und das wird durch unsere Erinnerung bewiesen. Und unsere Erinnerung beinhaltet nicht nur die sogenannten Fakten, sondern auch die Bedeutung, die wir dem Geschehnis gegeben haben. Sie beinhaltet ebenso die Emotion, die wir empfunden haben, als wir das Erlebnis hatten.

Ein Beispiel: Du erinnerst dich, dass du im Alter von 5 Jahren von deinen Eltern im Wald ausgesetzt wurdest. Du warst frech, du warst unerträglich, deine Eltern waren so böse auf dich, dass sie beschlossen haben, dich im Wald auszusetzen. Du erinnerst dich daran, wie du plötzlich alleine warst. Wie du Angst hattest. Wie du entsetzt warst, dass deine Eltern dich nicht lieben, dich loswerden wollen, auf dich verzichten können. Du erinnerst dich an das

Gefühl vollkommener Wertlosigkeit. Du hast gedacht, du müsstest jetzt sterben, ganz allein im Wald. Ein Horrorszenario für ein Kind von 5 Jahren. Deine Eltern haben dir später die Geschichte ganz anders erzählt. In ihrer Erinnerung war es nur ein Spaß. Sie haben dir erzählt, sie würden dich aussetzen wie Schneewittchen, weil du immer weg läufst bei gemeinsamen Spaziergängen. Sie haben sich versteckt und dich 30 Sekunden beobachtet und als du angefangen hast zu weinen, traten sie hinter den Bäumen hervor, haben gelacht und gesagt: siehst du, das passiert, wenn du unartig bist!

Zwei völlig konträre Erinnerungen an das gleiche Ereignis. Du und deine Eltern haben dem Geschehen eine vollkommen unterschiedliche Bedeutung gegeben. Für dich war es ein Horrorszenario, für deine Eltern eine spielerische Erziehungsmaßnahme. Du erinnerst dich an das Gefühl, ausgesetzt zu werden, sie erinnern sich an eine witzige Begebenheit, denn nach einem kurzen Weinen hast du dich wieder beruhigt.

Ist das nicht interessant, wie individuell Erinnerungen sein können? Der Grund dafür ist, dass wir dem Geschehen unterschiedliche Bedeutungen geben und unterschiedliche Emotionen damit verknüpfen. Und da können wir mit der Revision ansetzen. Wir verändern unsere Erinnerung, indem wir sie mit einer neuen Bedeutung und neuen Emotionen verknüpfen. Wir schreiben also unsere Geschichte um. Das ist für die meisten Menschen einfacher, als sie einfach „loszulassen", wie so oft geraten wird. Unser Verstand beschließt zwar, etwas „loszulassen", aber unser Unterbewusstsein hält daran fest. Wir merken das daran, dass etwas uns „triggert" und wir plötzlich völlig unangemessen emotional auf etwas reagieren. Das ist ein Zeichen, dass da noch eine Erinnerung lebendig ist, die wir ins Unbewusste verdrängt haben. Eine Kränkung etwa, die uns das Gefühl gegeben hat, wertlos zu sein. Wenn dann jemand etwas zu uns sagt, das in eine ähnliche Richtung geht, dann kommt die ganze alte Emotion wieder hoch und wir wundern uns, weshalb wir aus so banalem Anlass plötzlich so heftig reagieren.

Wenn wir dagegen die Situation umschreiben, also revidieren, dann geschieht das „Loslassen“ von ganz alleine. Wir haben eine Erinnerung durch eine andere ersetzt und wir fühlen die neue Erinnerung so lange, bis sie für uns real ist.

Alte Erinnerungen revidieren

Die Frage ist, welche Erinnerungen willst du verändern? Welche Erinnerungen willst du behalten? Und das ist tatsächlich eine ernsthafte Frage! Du denkst vielleicht jetzt, das ist doch klar! Ich will alle Erinnerungen verändern, die mir nicht gefallen! Man sollte glauben, dass die meisten Menschen das wollen, tatsächlich erlebe ich aber immer wieder in meinen Sitzungen mit Klienten, dass viele Leute sich verzweifelt an ihre alten Geschichten klammern! Sie haben sich mit ihnen identifiziert und sie definieren sich über ihre Geschichten.

Wie viele Menschen kennst du, die ihre „schlimme" Geschichte wieder und wieder erzählen? Ihre Geschichte, in der sie betrogen und verlassen, gedemütigt, zerstört wurden. Die Geschichte des schrecklichen Unfalls, der Tragödie, des niederschmetternden Verlustes. Die Krankheitsgeschichte, die Geschichte der unfähigen, schuldigen Ärzte, die Geschichte des langen, körperlichen Leidens. Je öfter sie diese Geschichte erzählen – sich selbst und anderen –

desto mehr identifizieren sie sich mit ihr. Sie machen sie jedes einzelne Mal, wenn sie sie erzählen, realer, wichtiger und bedeutsamer. Schließlich werden sie zu ihrer Geschichte. Sie sind der Mensch, zu dem sie wegen ihrer Geschichte geworden sind und sie wüssten nicht mehr, wer sie ohne sie wären.

Deshalb fällt es ihnen so unendlich schwer, auf sie zu verzichten. Also, noch einmal zurück zur Eingangsfrage: welche Erinnerungen willst du verändern? Was kommt spontan hoch, wenn du diese Frage hörst? Welche Szene aus deiner Vergangenheit? Beginne mit dieser Erinnerung. Es hat wenig Sinn, sich hinzusetzen und zu grübeln, in der Vergangenheit herumzustochern und tief im Schmutz zu graben. Dabei benutzt zu deinen Verstand, der dich sowieso nur sehen lässt, was bequem und vertraut für ihn ist.

Beschränke dich auf Erinnerungen oder Szenen, die spontan auftauchen. Oder gehe in diesen wunderbaren Dämmerzustand, der dem Zustand ähnelt, in dem du kurz nach dem Aufwachen oder kurz vor dem Einschlafen bist und stell die Frage: welche Erinnerung will ich loslassen? Und dann suche nicht nach der Antwort, sondern entspanne dich. Die Erinnerung wird sich zeigen, entweder gleich oder irgendwann später, wenn du schon gar nicht mehr an deine Frage denkst.

Das ist nur eine Methode, Szenen aus der Vergangenheit aufzuspüren, die eine Emotion ausgelöst haben, die sich festgesetzt hat und dich blockiert.

Meist ist es jedoch so, dass wir uns dabei ertappen, unangemessen heftig auf banale Ereignisse zu reagieren. Wir werden getriggert und das ist der Moment, in dem wir uns fragen können: Wer bin ich gerade? Wo bin ich gerade? Wie alt bin ich gerade? Und dann fällt uns vielleicht eine Szene aus der Kindheit ein, oder eine Situation aus einer vergangenen Beziehung, in der wir uns schlecht gefühlt haben. Uns fällt wieder ein, wie wir uns damals gefühlt haben, als wir dieses Erlebnis hatten. Und wir können sehen, welche Schlussfolgerung wir daraus gezogen haben.

Ein Beispiel: Wir sitzen mit einer Freundin in einem Restaurant und erzählen ihr von unserem neuen Freund. Sie lacht und sagt, „da hast du dir ja einen Supertypen geangelt, der nicht nur nett ist und gut aussieht, sondern auch noch Geld hat! Kein Wunder bei deinem Aussehen!" Statt mit zu lachen, bleibt uns die Lasagne im Hals stecken, in uns steigt ein komisches Gefühl auf und wir werden wütend. So wütend, dass wir unserer Freundin am liebsten den Hals umdrehen würden. Oder wir haben plötzlich das Bedürfnis, uns verteidigen zu müssen: „Das hat nichts mit meinem Aussehen zu tun! Und dass er Geld hat, bedeutet mir nichts!" Hinterher wundern wir uns über uns selbst und wir fragen uns, was uns den Abend eigentlich verdorben hat.

In diesem Moment können wir uns die Fragen stellen, die ich vorhin erwähnt habe: Wer war ich da gerade? Woran erinnert mich das? Wo habe ich schon mal so reagiert?

Und vielleicht fällt uns ein, dass unser Vater uns nicht für unsere guten Noten gelobt hat, sondern gesagt hat: „Mach dir mal keine Sorgen um deine Ausbildung. Du bist ein Mädchen und hübsch genug, um dir einen reichen Mann zu angeln." Und wir erinnern uns, wie schlecht sich das angefühlt hat. Wie wir wütend wurden, weil wir nicht für unsere Klugheit gelobt wurden. Weil man uns nicht ernst genommen hat. Weil wir auf unser Aussehen reduziert wurden. Und uns wird klar, dass unser Ärger nichts mit der Freundin zu tun hatte, sondern dass es sich um einen Glaubenssatz handelt, den wir mit uns herum schleppen. Ein Glaubenssatz, der aus einer Schlussfolgerung entstanden ist, die wir im Kindes- oder Teenageralter gezogen haben. Wir haben abgekauft, dass wir zwar schön, aber nicht klug sind. Und seitdem versuchen wir zu beweisen, dass wir klug und wertvoll sind und dass unser Aussehen nichts mit unserem Erfolg im Leben zu tun hat. Uns wird klar, dass die Freundin genau diesen Glaubenssatz getriggert hat und wir erkennen, weshalb wir so reagiert haben.

Jetzt können wir uns die Frage stellen: ist das ein Glaubenssatz, den ich behalten will? Ist das eine Überzeugung, die mir weiter hilft? Oder eher eine, die mich blockiert? Wahrscheinlich eher eine, die mich blockiert! Denn wenn ich aufhören müsste, zu beweisen, dass ich trotz meiner Schönheit klug und erfolgreich sein kann, könnte ich mich mehr in mein gutes Aussehen entspannen, mich selber mehr mögen und sogar Vorteile aus meinem Gesicht und meinem Körper ziehen! Außerdem könnte ich mir vertrauen, in dem Bewusstsein, dass ich wertvoll bin und erfolgreich. Also beschließen wir, diesen Glaubenssatz zu verändern und die Szene mit unserem Vater zu revidieren!

Das können wir folgendermaßen tun: Wir entspannen uns, gehen in diesen wundervollen Dämmerzustand und stellen uns die Szene so vor, wie wir sie gern gehabt hätten. Lass uns annehmen, wir waren 12 Jahre alt, es ist Sommer und wir sind gerade von der Schule nach Hause gekommen. Unser Vater steht in der Küche und trinkt einen Kaffee. Wir sehen die Küche durch unsere eigenen Augen, denn wir sind in unserem 12jährigen Körper. Wir spüren die Freude in uns über den Einser, den wir in Mathematik bekommen haben, in unserer Hand ist der Test und wir halten unserem Vater das Ergebnis unter die Nase und rufen: „Juhu! Ein Einser in Mathe!“ Und dann hören wir unseren Vater sagen: „Das hast du super gemacht, mein Schatz! Ich bin unheimlich stolz auf dich und ich freue mich mit dir!“ Und wir spüren seine Umarmung und seinen Stolz und seine Freude und unsere 12jährige Welt ist ganz einfach wunderbar.

Damit haben wir die Situation umgeschrieben, die Geschichte verändert, das Erlebnis revidiert, eine neue Erinnerung geschaffen und andere Emotionen damit verknüpft. Wichtig dabei ist, den Verstand auszuschalten, der uns erzählen will, dass es doch eigentlich ganz anders war. Und das erreichen wir dadurch, dass wir diese neue Szene nicht nur in Gedanken durchspielen, sondern dass wir all unsere Sinne involvieren und FÜHLEN, dass die Szene real ist! Wir nutzen unsere Augen, um die Küche, den Vater, unsere Hand mit dem Test zu sehen. Wir benutzen unsere Ohren, um die Vögel draußen zwitschern zu hören, die blubbernde Kaffeemaschine und die Stimme unseres Vaters. Wir verwenden unsere Nase, um den Kaffeeduft zu riechen, den Küchengeruch wahrzunehmen und Papas Rasierwasser. Wir spüren die Wärme des Sommers, das Papier in unserer Hand, die nackten Füße auf den Küchenfliesen, die feste Umarmung unseres Vaters, den weichen Stoff seines Hemdes, wenn wir unsere Wange an seine Schulter schmiegen. Wir fühlen die Freude und den Stolz in uns und das Glück, das wir empfinden.

Siehst du, wie einfach es dir fällt, dir so eine Szene auszumalen? Wie leicht du in dieses gewünschte Gefühl kommst? So einfach ist es, die Vergangenheit umzuschreiben. Nun musst du nur noch so lange wie möglich in diesem Gefühl bleiben: alles ist gut, ich bin stolz und froh über meine Leistungen, ich werde dafür anerkannt und geschätzt. Und das nächste Mal, wenn deine Freundin eine ähnliche Bemerkung macht und du vielleicht wieder getriggert wirst, dann erinnere dich an diese Szene und geh zurück zu diesem Gefühl. Meiner Erfahrung nach dauert es nicht lange, ein solches Kindheitserlebnis zu revidieren, wenn wir beständig zurück in dieses Gefühl gehen. Und nach einer Weile werden wir verwundert feststellen, dass wir anders auf Situationen reagieren, in denen wir uns sonst herausgefordert gefühlt hätten. Wir reagieren mit neuem Selbstbewusstsein, wir reagieren als das neue ICH, das wir geschaffen haben, das den alten Glaubenssatz: „ich bin schön, aber nicht klug und meine Erfolge sind wertlos“ in die Wüste geschickt hat. Das neue Ich hat den Glaubenssatz: ich bin schön und klug und erfolgreich!

Mach dir keine Gedanken um deinen Verstand, den du sozusagen übers Ohr haust, wenn du ihm eine neue Erinnerung als wahr verkaufst, die du dir ausgedacht hast. Dem Verstand ist es herzlich egal, ob du ehrlich zu ihm bist oder ihn anlügst. Dein Verstand glaubt, was er oft hört. Was er oft hört, das wird ihm vertraut und was ihm vertraut ist, dass will er festhalten.

Sorge also dafür, dass deinem Verstand Selbstlob vertrauter wird als Selbstkritik. Positive, zuversichtliche Gedanken vertrauter als negative, ängstliche und liebevolle Gedanken vertrauter als zornige. Wenn wir erst einmal wissen, wie unser Verstand funktioniert und wie wir ihn manipulieren können, dann wird das Leben leichter. Vorausgesetzt, wir beginnen, uns und unser tägliches Gedankenwirrwarr zu beobachten und so zu verändern, wie wir es haben wollen. Es ist tatsächlich wenig Aufwand und Disziplin notwendig. Nur die Bereitschaft unsere Gedanken wahrzunehmen und die Beständigkeit, mit der wir negative in positive verändern.

Wir können also lange zurückliegende Ereignisse verändern und sie so umschreiben, wie wir sie gerne gehabt hätten. Dabei ist es egal, wie weit wir zurückgehen. Ich habe schon einige Klienten in die Revision ihrer eigenen Geburt begleitet. Natürlich erinnern wir uns nicht mehr an die Geburt selbst, aber wir haben schon im Mutterleib oder als Babies die Gefühle unserer Eltern wahrgenommen und daraus Schlussfolgerungen gezogen. Vielleicht waren wir nicht gewollt, unerwünscht. Unsere Eltern wollten eigentlich keine Kinder mehr bekommen oder unsere Mutter wollte kein uneheliches Kind. Es kann sein, dass wir deswegen mit dem Gefühl durchs Leben gehen, nirgendwo erwünscht zu sein. Oder wir haben als Kinder immer wieder die Geschichte unserer Geburt gehört und wenn diese Geschichte dramatisch oder traumatisch für unsere Mutter war, dann haben wir vielleicht das Gefühl, wir wären schuld an ihren Schmerzen und ihrer Wut und versuchen unser Leben lang irgendeine Schuld abzutragen, ohne uns dessen bewusst zu sein.

Für viele Frauen ist das Erlebnis, ein Kind zur Welt zu bringen, ein traumatisches Ereignis. Emotional und körperlich. Ich habe sehr gute Erfahrungen damit gemacht, solche Geburten zu revidieren und die Geschichte umzuschreiben.

Manchmal mit ganz erstaunlichen Auswirkungen, nicht nur auf der emotionalen, sondern auch auf der physischen Ebene. Bei einer jungen Frau, die bei der Geburt ihres Babies einen Dammriss erlitten hatte und die ihr Kind aus unterschiedlichen Gründen erst nach einem längeren Zeitraum in den Arm gelegt bekam, haben wir gemeinsam revidiert. Sie bat um Unterstützung, weil sie zwei Jahre nach der Geburt immer noch das Gefühl hatte, keine innige Beziehung zu ihrem Sohn aufbauen zu können. Wir haben also die Geschichte dieser Geburt so umgeschrieben, dass sie ihr Baby ohne Schwierigkeiten auf die Welt bringen und sofort im Arm halten konnte. Wenige Woche später berichtete sie, dass das Verhältnis zu ihrem Sohn sich vollkommen gewandelt hatte und dass die Dammnarbe, die nach 2 Jahren immer noch gerötet, wulstig und schmerzhaft war, begonnen hatte zu heilen. Das ist ein wunderbares Beispiel dafür, wie der Körper unserem Geist folgt. Nachdem die emotionale Ebene sozusagen geheilt war, konnte auch die Narbe verheilen.

Hab also keine Scheu, jedes Ereignis der Vergangenheit zu verändern, das du verändern möchtest. Es ist gleichgültig, wie lange es zurück liegt, wie dramatisch oder banal es war und ob es emotionale oder physische Themen betrifft.

Den Augenblick revidieren

Die Revision kann also für lange zurückliegende Ereignisse verwendet werden, aber ebenso für Geschehnisse, die in diesem Augenblick geschehen. Das betrifft Gedanken, die wir denken und Worte, die wir hören. Es betrifft ein Verhalten, das wir oder andere an den Tag legen und Dinge, die uns „geschehen". Ich setze dieses „geschehen" gern in Anführungszeichen, denn eigentlich geschieht uns ja nichts, sondern wir erleben etwas, das wir uns aus irgendeinem Grund vorgestellt und manifestiert haben. Und oft erleben wir es auf eine Art und Weise, die wir ganz und gar nicht erwartet haben.

Lass uns mit unseren Gedanken beginnen. Wir wissen ja bereits, dass wir täglich tausende Gedanken denken, von denen die meisten an unserer Wahrnehmung vorbei gehen. Wenn wir anfangen, sie zu beobachten, werden wir uns wenigstens der penetrantesten oder häufigsten bewusst. Und je länger wir beobachten, desto häufiger fallen uns die Gedanken auf, die wir besser nicht denken sollten. Gedanken wie: „Das kann ich nicht. Ich bin immer zu spät. Typisch für mich, wieder ins Fettnäpfchen zu treten. Ich bin eben schüchtern. Ich war noch nie die großartige Alleinunterhalterin. Ich werde niemals kapieren, wie dieser Computer funktioniert." Du weißt, was ich meine. Gedanken, die immer wieder bestätigen und verstärken, was wir über uns denken. Und du weißt ja: die Gedanken, die ich wiederhole, nähre und bekräftige, werden zu meiner Realität oder halten meine bisherige Realität aufrecht. Dieses negative Selbstgespräch kannst du sofort umschreiben, also revidieren. Wenn dir auffällt, dass du dir gerade schon wieder versichert hast, dass niemals ein Technikgenie aus dir wird, dann erzähl dir, dass Technik etwas ist, das du mit Leichtigkeit beherrschen kannst! Und übrigens, wenn der Computer nicht so funktioniert, wie er sollte, dann revidiere auch das! Sobald der Bildschirm schwarz wird, weil der Computer abgestürzt ist, schließ die Augen und stell dir den Bildschirm so vor, wie du ihn gerne hättest! Revidiere, dass der PC jemals abgestürzt ist und bleib in der Vorstellung. Selbst wenn du deinen Sohn oder sonst einen Experten um Hilfe bittest. Bleib in deiner Vorstellung und lass dich überraschen, wie einfach die Lösung sein wird und wie viel seltener dein Computer in Zukunft abstürzen wird.

Das unmittelbare Revidieren ist ein Wundermittel bei akuten Verletzungen – seien es Verletzungen physischer oder emotionaler Art. Wenn dein Chef dich kritisiert und du das ungerecht findest, hör ihn das sagen, was du gerne hören würdest! Im gleichen Moment! Er sagt dir, dass dein Bericht zu wünschen übrig lässt. Du hörst mit deinem inneren Ohr, dass dein Bericht keine Wünsch offen lässt. Das hilft dir dabei, in deiner Mitte zu bleiben, dich gut zu fühlen und deinen Bericht so umzuschreiben, dass er besser bei deinem Boss ankommt. Das ist kein Schönreden einer Situation. Das ist nichts als ein Mittel, um gelassen und gut gelaunt zu bleiben, das heißt in einem Zustand zu bleiben, in dem du auf dich vertraust und selbstbewusst bist, statt dich zu ärgern und an dir zu zweifeln. In diesem Zustand wirst du bessere Berichte abliefern, mehr Lob hören und mehr Menschen in dein Leben ziehen, dich als selbstbewusst und kompetent wahrnehmen. Diese Fähigkeit, Gehörtes „umzuhören“ ist unglaublich wertvoll in Beziehungen. Wie oft lassen wir uns von Bemerkungen aus dem

Gleichgewicht bringen, die uns verletzen, aber gar nicht verletzend gemeint sind? Wenn wir in solchen Augenblicken kurz innehalten und in der Lage sind, etwas anderes zu „hören", dann tut das uns und unserer Beziehung gut. Wir lassen uns nicht mehr so leicht triggern und wir vermeiden es so, uns verletzt zu fühlen, ohne dass der andere etwas davon weiß. Wenn dich dein Mann fragt, ob du denn endlich die Versicherung angerufen hast, könntest du hören: Danke, dass du die Versicherung anrufst! Statt dich also zu ärgern, dass er von dir erwartet, alles zu tun, ohne selbst einen Finger krumm zu machen, kannst du dich freuen, dass er deine Bemühungen anerkennt und freundlich antworten: „Ich mache es gleich morgen früh!", statt ihn patzig anzufahren: „Ruf doch selber an, ich hab genauso wenig Zeit wie du!" Ist das nicht wunderbar?

Bei physischen Verletzungen kannst du ebenfalls sofort eine neue Geschichte schreiben. Wenn du stolperst, die Treppe ein paar Stufen hinunterfällst und dir blaue Flecken holst, dann halte dich nicht damit auf, zu jammern und deine Freundin anzurufen, um ihr von dem Unglück zu erzählen, sondern schreib die

Geschichte um! Zum Beispiel bist du gestolpert, hast dich aber unglaublich gut gefangen, am Geländer festgehalten und gerade noch mal einen Sturz vermieden. Während du deine blauen Flecken mit einem Eisbeutel kühlst, fühl die Befriedigung über deine Eleganz, mit der du den Stolperer wett gemacht hast und sei dankbar dafür, dass dir Verletzungen erspart geblieben sind.

Ich weiß, dass gerade bei physischen Verletzungen oder Krankheiten ein Umschreiben der Geschichte schwierig ist. Unser Körper ist nicht in Ordnung! Es tut weh! Wir sehen das aufgeschürfte Knie, fühlen uns krank oder haben gerade die Diagnose des Arztes gehört. Dennoch können wir revidieren. Auch hier gilt: mach nichts real, das du nicht haben willst, indem du die „Realität" für wahr hältst und die noch nicht sichtbare Realität, die du haben möchtest, ignorierst. Ignoriere lieber die sogenannte „Realität" und mach das real, was du gerne hättest. Sobald unser Körper involviert ist, fällt es uns schwer in eine Vorstellung abzutauchen, in der unser Körper heil und gesund und schmerzfrei ist. Wir sollten uns trotzdem nicht davon abhalten lassen. Denk daran, unser Geist gebietet über unseren Körper. Das heißt, wenn wir geistig in unserer Vorstellung bleiben, dass alles in Ordnung ist, wird unser Körper folgen und schneller heilen, als wenn wir unseren Fokus weiter auf die „Tatsache“ der Verletzung oder Krankheit richten.

Ein Beispiel, das ich erlebt habe: ich wurde von einer Hornisse gestochen. Das war für mich ein schockierendes Ereignis, weil ich schon einmal, vor Jahren, nach einem Wespenstich einen anaphylaktischen Schock erlitten hatte. So eine maximale allergische Reaktion ist kein Zuckerschlecken, vor allem weil mir der Arzt damals gesagt hatte, ich wäre dem Tod nur ganz knapp von der Schippe gesprungen. Dieser erste Stich ist schon so lange her, dass ich nie auf die Idee gekommen war, dieses Erlebnis zu revidieren. Als ich nun zum zweiten Mal gestochen wurde, kam alles wieder hoch, was ich damals erlebt hatte. Ich ließ mich auf eine Bank sinken und Adrenalin ist durch meinen Körper geschossen. Mir war, als würde ich in diesem Moment in der Zeit zurück geworfen und all die Emotionen und körperlichen Reaktionen von damals wieder erleben. Jede Zelle meines Körpers hat sich an den Schock erinnert. Ich habe versucht zu revidieren, dass ich überhaupt gestochen wurde und gleichzeitig wurde mir ganz schummerig und übel und ich wusste, dass ich erneut einen allergischen Schock erleide. Nachdem der Notarzt da war und ich mich sicher fühlte, begann ich, noch auf dem Boden liegend, mit der Atemmaske über dem Gesicht, zu revidieren, dass ich in den Schock gegangen bin. Am Abend bin ich zu Bett, mit einem riesigen blauen Fleck am Oberschenkel vom Epipen (das ist ein Gerät zur Injektion von Adrenalin), den mir der Rettungssanitäter als erstes verpasst hat und mit blauen Flecken in der Armbeuge von der Infusionsnadel. Der Stich selbst war geschwollen und hat mir ordentliche Schmerzen verursacht. Ich bin eingeschlafen voller Dankbarkeit, dass ich nach diesem Hornissenstich keinen Schock erlitten habe und dass alles so gut ausgegangen ist.

Am nächsten Morgen bin ich aufgewacht, die blauen Flecken, die Epipen und Injektionsnadeln hinterlassen haben, waren verschwunden. Der Stich war noch rot und geschwollen und schmerzhaft. Natürlich, denn ich hatte ja nicht revidiert, dass ich gestochen wurde, sondern nur, dass ich in den Schock gegangen bin. Mein Körper hat also alle Anzeichen der allergischen Reaktion losgelassen, den Stich hat er dagegen behalten.

Gleichzeitig habe ich den ersten Stich vor vielen Jahren revidiert, der dazu geführt hat, dass ich auch diesmal einen Schock erlitten habe. Dieses traumatische Erlebnis hatte ich nicht verarbeitet, es steckte in meinen Zellen und hat dafür gesorgt, dass all die Emotionen von damals wieder hochgekommen sind. Denk daran, bei der Revision geht es immer darum, in einen neuen, erwünschten Zustand einzutreten. Und den alten, unerwünschten Zustand zu verlassen. Ich habe also den Zustand verlassen, in dem ich die Annahme hatte, dass ich allergisch auf Hornissenstiche reagiere und deswegen Angst vor ihnen habe und bin in den Zustand eingetreten, in dem ich weiß, dass solche Stiche mir nichts ausmachen.

Ich habe aus diesem Erlebnis viel gelernt. Zuerst einmal, dass es mir nicht immer gelingt, einen akuten Zustand zu revidieren, wenn ich ihn bereits real gemacht habe. In diesem Fall habe ich real gemacht, dass mein Körper im Schock ist. Der physische Beweis war in diesem Moment einfach zu stark, ebenso wie die Erinnerung an den ersten Vorfall und die Angst, dasselbe noch einmal zu erleben. Ich habe mich davon einnehmen lassen und konnte mir nichts anderes mehr vorstellen. Zweitens, dass ich mich in diesem Fall fragen muss, was ich jetzt revidieren kann. In diesem Beispiel, dass mein Körper einen Schock erlitten hat. Nach meinem Hornissenstich habe ich mich also gefragt, was wäre das erwünschte Ergebnis gewesen? Mit welchen Emotionen will ichdieses Ereignis verknüpfen? Das erwünschte Ergebnis war: ich bin gestochen worden und habe nicht allergisch reagiert. Die gewünschten Emotionen waren Erleichterung und Dankbarkeit. Woran ich mich noch erinnere ist der intensive Schmerz an den Einstichstellen, der eingetreten ist, sobald ich in die Vorstellung des erwünschten Ergebnisses gegangen bin. Während ich revidiert und real die Erleichterung darüber gefühlt habe, dass der Hornissenstich ohne dramatische Folgen geblieben ist, ist der Schmerz für eine Weile sehr intensiv geworden. Das ist das dritte, das ich aus diesem Erlebnis gelernt habe: der Körper reagiert auf meine Vorstellung unmittelbar und lässt den Schmerz los. Dabei wird er für eine Weile intensiver, bevor er vergeht.

Schmerz ist ohnehin nur eine Vorstellung. Denn wenn wir schlafen, haben wir keine Schmerzen Sobald wir schlafen nehmen wir keinen Schmerz mehr wahr. Wenn unser Verstand schläft, dann schläft auch der Schmerz, sozusagen. Das ist für mich eine wunderbare Erkenntnis! Warum soll ich mir also auch im Wachzustand nicht vorstellen können, dass ich schmerzfrei bin? Ich habe es beim Zahnarzt und beim Tätowieren ausprobiert und es hat wunderbar geklappt! Zumindest so lange, bis mich jemand angesprochen hat und ich wieder in der „Realität" gelandet bin. Es ist auf jeden Fall den Versuch wert, es weiter zu üben. Was irgendein mittelmäßiger Yogi auf dem Nagelbrett kann, können wir schon lange, oder? Ich jedenfalls übe weiter.

Übung macht den Meister

Und ja, sich etwas vorzustellen und zu Dinge zu revidieren ist eine Übungssache. Und am besten übt es sich im Bett! Wenn du jeden Abend schlafen gehst und dir vorstellst, dass du morgen früh ausgeruht und glücklich aufwachst, dann ist das eine Übung, die sich lohnt! Und du kannst am nächsten Morgen gleich weiter üben! Wenn du aufwachst, lass die Augen noch eine Weile geschlossen, beweg dich noch nicht und stell dir vor, wie du heute Abend im Bett liegst und glücklich über den vergangenen Tag bist. Und wenn du dann tatsächlich nicht einen ganz so tollen Tag hattest, dann revidiere die Situationen, die dich belastet haben und sei dann dankbar für den wunderbaren Tag. Das ist eine Übung, die ich seit langem praktiziere und die Tage, die ich als negativ empfinde, sind so gut wie verschwunden. Und ich wache morgens mit einem guten Gefühl auf. Wir können wählen, mit welchen Gedanken, Gefühlen und Vorstellungen wir einschlafen und wenn wir glücklich einschlafen, dann nehmen wir dieses Gefühl mit in den Schlaf und wachen damit wieder auf. Wenn wir mit diesem guten Gefühl in und durch den Tag gehen, werden wir einen schönen Tag haben. Manchmal dauert es eine Weile, bis es uns gelingt, aber das sagt uns ja schon dieses alte Sprichwort „Übung macht den Meister“. Wenn ich Klavier oder Schach lernen will, dann erwarte ich ja auch nicht, dass ich sofort ein Konzert in der Metropolitan Opera geben oder den Großmeister im Schach übers Brett ziehen kann!

Also bleib dran! Es geht um Beständigkeit. Und das Bett ist natürlich nicht der einzige Ort, an dem wir üben können. Die Haustür ist auch nicht schlecht. Ich habe es mir schon vor langer Zeit angewöhnt, meine täglichen Spaziergänge mit meinem Hund mit der Vorstellung zu beginnen, in welchem Zustand wir nach dem Spaziergang wieder nach Hause kommen. Bevor wir also auch nur zur Türe hinaus sind, stelle ich mir schon vor, wie wir wieder daheim sind: wir sind happy, froh, dass weder Hase noch Reh zu Tode erschreckt wurden, angenehm außer Atem und ausgepowert, voller Freude aufs Frühstück. Du kannst das auch ohne Hund machen, jedes Mal, wenn du das Haus verlässt. Egal, ob du ins Büro, zum Zahnarzt, zu deiner Verabredung oder zum

Einkaufen gehst, stell dir vor, in welchem Zustand du wieder nach Hause kommst! Wie fühlst du dich nach dem Date mit den neuen Typen? Bist du herrlich aufgeregt, weil es so gut gelaufen ist? Fühlst du dich selbstbewusst und ganz verliebt in dich selbst, weil du so sehr bewundert wurdest? Bist du herrlich satt und zufrieden nach dem wundervollen Abendessen im Restaurant? Wenn du dich nach dem Abend so fühlen willst, dann stell dir schon beim Verlassen deiner Wohnung vor, dass du dich so fühlst! Fühl dich so, wenn du dich auf den Weg zu deiner Verabredung machst. Ich schätze für viele ist das mal ein Alternativprogramm zu den üblichen Gefühlen, mit denen man sich zu einem Date mit einem Mann begibt, den man gerade erst kennengelernt oder noch nie zuvor getroffen hat. Meist fühlen wir uns unsicher, wissen nicht recht, was wir anziehen sollen, überprüfen 20 Mal unseren Look, überlegen uns, worüber wir wohl reden könnten, damit wir interessant sind und erinnern uns an vergangene Dates, die eine Katastrophe waren. Als die Profis, die wir jetzt schon sind, wissen wir aber, dass wir diese miesen Verabredungen revidieren und uns vorstellen können, wie wir uns fühlen werden, wenn das Date vorüber ist.

Wir gehen in diese Vorstellung des gewünschten Ergebnisses und bleiben darin. Wenn das Date dann nicht so war, wie wir wollten und wir mit diesem leisen Gefühl der Enttäuschung nach Hause kommen sollten, dann revidieren wir wieder. Wie gesagt, es braucht Übung und Beständigkeit. Unser Verstand braucht eine Weile, um sich der neuen Regie anzupassen.

Das gleiche gilt für den Zahnarzttermin, den Tag im Büro, und das Einkaufen im Supermarkt. Mach es dir zur täglichen Übung. Stell dir vor, wie du dich fühlen möchtest, wenn du wieder nach Hause kommst.

Und solltest du tatsächlich einen Hund haben, vielleicht sogar einen, der an der Leine zieht, andere Hunde anbellt, oder Fahrradfahrer und Jogger verfolgt....probiere es aus! Stell dir vor, ihr kommt nach Hause ohne „besondere Vorkommnisse“. Ich kenne mehr als einen Hundebesitzer, der durch diese einfache Übung schönere Spaziergänge erlebt als je zuvor.

Um unsere Vorstellungkraft zu üben, genügt es, die Augen zu schließen. Wo auch immer du gerade sitzt und die Möglichkeit hast, gefahrlos die Augen zuzumachen, kannst du trainieren.

Sagen wir, du sitzt an deinem Esstisch zuhause. Mach die Augen zu und entspann dich ein wenig. Das kannst du tun, indem du bewusst atmest, im Geiste ein Mantra wie „Alles ist gut" aufsagst, oder indem du vor deinem inneren Auge die Wolken vorbei ziehen siehst. Dann stell dir vor, du sitzt in deinem Schlafzimmer auf dem Bett. Du öffnest deine inneren Augen und siehst dich um. Das ist kein Problem, oder? Du weißt, wie es in deinem Schlafzimmer aussieht. Du weißt, wo das Fenster ist und wo die Tür, du weißt, wie deine Bettwäsche aussieht und deine Nachttischlampe. Du weißt, ob irgendwo das Buch liegt, in dem du gestern Abend noch gelesen hast, oder ob deine schmutzigen Klamotten auf dem Boden liegen. Du weißt, wie der Fussboden aussieht, wie es in deinem Schlafzimmer riecht, ob es kalt oder warm ist. Bist du im Geiste in deinem Schlafzimmer? Fühlt es sich real an? Dann steh auf und geh zur Schlafzimmertür hinaus. Was siehst du, wenn du nach unten schaust? Du siehst, wie deine Beine sich bewegen, deine Füße auf dem Fußboden. Hast du Schuhe an, Socken oder bist du barfuß? Und jetzt geh durch das angrenzende Zimmer. Was siehst du dort? Welches Zimmer ist es? Was siehst du, wenn du nach rechts schaust und was siehst du wenn du nach links schaust? Geh auf diese Weise durch dein ganzes Haus, oder durch deine Wohnung. Es ist eine dir vollkommen vertraute Umgebung. Du weißt, wie die Wände und Möbel aussehen. Im Vorbeigehen, kannst du über die Polster des Sofas streichen oder die Vorhänge zwischen deinen Fingern fühlen. Erforsche dein gesamtes Haus und als letztes gehst du in die Küche, wo du dich am Tisch sitzen siehst. Also deinen Körper, den du dort zurück gelassen hast.

Ist dir diese Übung leicht gefallen? Wenn es nicht gleicht so gut klappt, wie du das gerne hättest, dann übe weiter. Die Vorstellungskraft ist wie ein Muskel, der trainiert werden musst, damit du ihn bewusst einsetzen kannst. Denke nur mal an Karate oder eine andere Kampfkunst, die du schon einmal beobachtet oder gelernt hast. Man muss jede Bewegung, jeden Schlag, jeden Tritt 1000mal üben, damit der Körper sich so gut daran erinnert, dass er die Bewegung in einem Notfall automatisch durchführen kann.

Übung macht den Karatemeister und den Vorstellungsmeister!

Lass deine Phantasie spielen! Was könntest du dir vorstellen, was nicht alltäglich ist und was wenig Bedeutung hat? Mit welchen Vorstellungen also könntest du üben, die dir nicht wichtig sind? Natürlich möchtest du sofort Erfolge sehen, was deine finanzielle Situation, den Partner fürs Leben und die Traumfigur betrifft. Das kommt auf jeden Fall, wenn du beständig und geduldig in der Vorstellung deines bereits erfüllten Wunsches bleibst, aber bis dahin kannst du mit vielen Kleinigkeiten üben, um deinen Vorstellungsmuskel aufzuwärmen!

Womit willst du spielen? Soll im Kino ein Mann mit einem bunten Tuch auf dem Kopf im Saal sitzen? Willst du ein violettes Auto sehen oder einen Hasen? Stell es dir vor! Sieh das bunte Tuch, das violette Auto, den Hasen vor deinem geistigen Auge. Denk nicht darüber nach, wie und wo du das sehen könntest. Wo es wahrscheinlich oder weniger wahrscheinlich ist, dass du den Hasen siehst. Denk nicht darüber nach, wie ein Hase in deine Wohnung, an deinen Arbeitsplatz oder in die Fußgängerzone kommen soll, durch die du jeden Tag gehst. Hab nicht die Schlussfolgerung, dass du in den Wald, den Streichelzoo oder zum nächsten Bauernhof gehen musst, um das Langohr zu treffen. Lass all diese Annahmen los und stell dir einfach vor! Sieh das Karnickel vor deinem geistigen Auge und stell dir vor, wie du dich freust, dass deine Vorstellung eingetroffen ist, oder wie du deinem Freund erzählst, dass du dir den Hasen vorgestellt hast und er tatsächlich aufgetaucht ist. Und lass dich überraschen. Einer Freundin ist der Hase in einem Fernseher im Fitness-Studio erschienen, auf den sie schaute, während sie auf dem Laufband schwitzte. Mir ist die Person mit dem gelben Hut mitten auf einem Feldweg begegnet. Ich hatte mich noch über den gelben Hut gewundert und erst nach einer Weile ist mir eingefallen, dass ich mir ja eine Person mit einem gelben Hut vorgestellt hatte. Das ist auch so etwas, das einem passieren kann. Man fühlt seine Vorstellung so real, als bereits verwirklicht, dass man vergessen hat, was man sich vorgestellt hat, wenn man es dann vor der Nase hat.

Das ist übrigens ein gutes Zeichen. Es ist das Zeichen, dass du keinen Zweifel an deinem Wunsch, an deiner Vorstellung hast. Du hast es real gefühlt, es ist erledigt. Du wendest dich anderen Dingen zu. Deswegen habe ich dich zu

Anfang gebeten, mit unwichtigen Kleinigkeiten zu üben. Es ist für dein Leben völlig unbedeutend, ob du einen Hasen siehst oder nicht. Du kannst es dir einfach so vorstellen, real fühlen und dann als erledigt betrachten. Ob der Hase in dein Leben hoppelt oder nicht, ist vollkommen gleichgültig. Du hast ihn dir vorgestellt und damit hast du deinen Job erledigt. Du übst das mit kleinen, unbedeutenden Dingen, bis dir das Vorstellen in Fleisch und Blut übergegangen ist. Wenn du diese Übung gemeistert hast, dann wird es dir viel leichter fallen, dir die Dinge vorzustellen, die dir wirklich wichtig sind.

Denn siehst du, das, was uns daran hindert, mit vollkommener Leichtigkeit das Leben zu manifestieren, das wir unbedingt haben wollen, ist die Bedeutung, die wir diesem Wunsch oder Verlangen geben. Und wir geben ihm eine solche Bedeutung, weil wir nicht glauben und nicht wissen, dass wir alles haben, sein und manifestieren dürfen und können. Wir haben all diese Annahmen darüber, was schwer zu verwirklichen ist, was uns nicht erlaubt ist zu haben, was uns nicht möglich ist. Und deswegen machen wir es uns schwer. Deswegen geben wir dem so viel Bedeutung. Wir denken: „Wenn wir das erreichen würden, das wäre DAS Ding. Das wäre so, als würde die Sonne im Westen aufgehen. Wie soll ich das bloß schaffen? Meine Freunde und meine Familie haben es auch nicht geschafft. Wenn ich DAS hätte, dann würde sich mein ganzes Leben auf den Kopf stellen.“ Und weil wir nicht glauben, dass uns das möglich ist und weil wir glauben, dass das ein Wunder wäre, erreichen wir es nicht.

Wir müssen also erst einmal begreifen, dass es leicht ist zu manifestieren. Und das üben wir mit Kleinigkeiten, denen wir keine Bedeutung geben. Mit der Zeit werden wir begreifen, dass ein System hinter der ganzen Manifestiererei steht. Wir werden begreifen, dass wir immer nur das gleiche tun müssen, egal worum es geht.

Wir lassen einen Wunsch aufsteigen.

Wir stellen uns vor, dass der Wunsch bereits erfüllt ist.

Wir fühlen es als Realität.

Wir wissen, dass es erledigt ist.

Wir wenden uns wieder anderen Dingen zu.

Der Same ist gesät und wir müssen nicht in der Erde herum buddeln, um sicherzugehen, dass er immer noch da ist und tatsächlich wächst.

All diese wunderbaren Dinge, die wir manifestieren, indem wir sie uns vorstellen. Es ist schade, dass wir oft vergessen und nicht anerkennen, dass wir solche Meister im Vorstellen sind. Auch das ist eine wunderbare Gelegenheit zum Üben. Wie können wir lernen, tatsächlich anzuerkennen, dass etwas sich verwirklicht hat, was wir uns zuvor vorgestellt hatten? Die einfachste Methode ist eine große Tafel, auf der wir unsere Vorstellungen schreiben und einen Haken dahinter setzen, wenn sie sich verwirklicht haben. Das muss keine wirkliche Tafel sein. Es kann eine Tafel sein, die wir uns vorstellen!

Jedes Mal, wenn du dir etwas vorstellst – den Hasen zum Beispiel – stell dich in Gedanken vor deine virtuelle Tafel, nimm die Kreide in die Hand und schreib „Hase“ auf die Tafel. Kannst du die Tafel bereits sehen? Wenn nicht, dann schließ kurz die Augen. Wo hängt die Tafel? Ist sie grün oder schwarz, oder ist sie weiß? Verwendest du Kreide oder einen Filzstift? Du entscheidest. Das ist deine Tafel. Deine Manifestationstafel. Hier trägst du ein, was du dir vorgestellt hast und setzt einen Haken dahinter, wenn eingetreten ist, was du dir vorgestellt hast. Vor diese Tafel kannst du jederzeit treten und deine Erfolge genießen. Du kannst dich dabei an die Zeiten erinnern, als du diese Wünsche aufgeschrieben hast und dich darüber freuen, dass sie sich erfüllt haben. Tatsächlich kannst du dir vorstellen, dass du diesen Wunsch auf die Tafel schreibst und dich bereits darüber freust, dass er erfüllt ist! Wie würdest du dich fühlen, wenn du dir vorgestellt hättest, dass deine Freundin gesund ist? Geh in deiner Vorstellung zu dem Zeitpunkt, an dem du deinen Haken hinter dem Wunsch auf deiner Tafel gemacht hast! Wie würdest du dich fühlen, wenn du den Haken machst? Dein Wunsch ist erfüllt, deine Freundin gesund! Das ist es, was du erlebst. Du bist bereits an diesem Zeitpunkt in der Zukunft, in der du den Haken machst und dich darüber freust, dass deine Freundin gesund und deine Vorstellung verwirklicht ist.

Tatsächlich kann es sein, dass du dir wirklich eine Tafel anschaffst, wenn du real fühlst, wie du vor deiner Tafel stehst. Die Dinge, die wir uns vorstellen haben die Neigung, sich zu verwirklichen. Wenn du also keinen Platz für eine Tafel in deiner Wohnung frei mache willst, könntest du dir ebenso ein Tagebuch vorstellen, in das du deine Wünsche einträgst. Du könntest dir ein Tagebuch vorstellen. Wie sieht es aus? Welchen Einband hat es? Wie sehen die einzelnen Seiten aus? Wo bewahrst du es auf? Auf deinem Nachttischchen? In einer Schublade deines Schreibtisches? Oder liegt es gut sichtbar auf dem Tisch im Wohnzimmer? Mit welchem Stift schreibst du? Stell es dir so real wie möglich vor und folge den Anweisungen für die Tafel. Wenn du den Drang verspürst, ein tatsächliches Tagebuch zu kaufen oder zu gestalten, weil deine Vorstellung des Tagebuchs sich manifestiert, musst du keine Wand für eine Tafel frei machen, sondern nur ein kleines Eckchen in deiner Schublade.

Verwende all diese Werkzeuge, um deine Vorstellungskraft bewusst zu üben. Es lohnt sich. Wir stellen uns die ganze Zeit etwas vor. Meist etwas, das wir nicht wollen. Wir erinnern uns in den seltensten Fällen daran, dass wir uns überhaupt etwas vorgestellt haben. Denk dran, wir denken Tausende Gedanken pro Tag, und die meisten sind uns nicht bewusst. Irgendein Wissenschaftler hat kalkuliert, dass wir 60.000 - 80.000 Gedanken pro Tag denken, soweit der letzte Stand der Forschung. Wenn wir jedoch damit beginnen, uns bewusst etwas vorzustellen, enthüllt sich uns unsere Funktionsweise und wir entdecken unsere Macht und unser Schöpfertum.

Und es beginnt mit einem Hasen, einer geistigen Wanderung durch unsere Wohnung, dem morgendlichen Aufwachen, dem abendlichen Einschlafen, unserer Haustür und einem Tagebuch, das bereits die Erfüllung unserer Wünsche beinhaltet.

Übung macht den Meister!

Was glaubst du?

Bevor wir weiter reden, hätte ich gern, dass du dir folgende Frage stellst: Was glaube ich?

Was glaubst du in Bezug auf deine Schöpferkraft? Glaubst du, dass du die einzige Ursache für alles in deinem Leben bist? Oder glaubst du, dass eine höhere Macht außerhalb von dir, dein Leben leitet und bestimmt? Oder glaubst du etwas, das irgendwo dazwischen liegt? Das ist eine wichtige Frage, wie mir scheint. Du weißt ja, unsere Annahmen bestimmen unsere Realität. Wenn du also glaubst, du bist die einzige Ursache, dann wirst du dich eher ans Werk machen, um dein Leben bewusst so zu gestalten, wie du es haben willst. Wenn du dagegen glaubst, das Schicksal oder der liebe Gott oder das Universum ist verantwortlich für die Dinge und Umstände in deinem Leben, wirst du wohl eher hoffen, dass alles gut ausgeht!

Ich sage nicht, dass das verkehrt ist, aber wenn du an eine Macht außerhalb von dir glaubst, dann rate ich dir dringend die Annahme zu kultivieren, dass diese Macht dir wohlgesonnen ist und nichts lieber möchte, als dass du erfolgreich und glücklich bist. Wenn du von dieser Annahme ausgehst und darauf vertraust, dass du machen kannst, was du willst und immer Glück haben wirst, dann wird es gemäß deinem Glauben so geschehen. Wenn du aber glaubst, du müsstest alles „richtig“ machen und ein guter Mensch sein, damit das Universum oder wer auch immer dich belohnt, dann wirst du dich weiter für all dein Tun und Sein bewerten und verzweifelt sein, wenn du etwas „falsch“ gemacht hast.

Deine Annahmen kreieren deine Realität, also wähle deine Annahmen weise.

Was also glaubst du?

Ich habe die Erfahrung gemacht, dass es gewisse Ebenen gibt, auf denen wir uns aufhalten, wenn es um das geht was wir glauben. Oft folgt eine Ebene auf die andere.

Die erste Ebene ist die, auf der wir uns nicht bewusst sind, dass wir eine Wahl haben. Wir reagieren automatisch auf Situationen, die eine

Emotion in uns auslösen. Wenn wir auf der Autobahn im Stau stehen, dann ärgern wir uns, sind sauer, weil wir zu spät kommen, trommeln ungeduldig auf dem Lenkrad herum und verfluchen die Umstände, die uns wieder mal auf dem Kopf herum tanzen und all unsere Pläne zunichtemachen. Wir sind sozusagen auf Autopilot und glauben, dass wir den Umständen hilflos ausgeliefert sind.

Die zweite Ebene ist die, auf der wir bereits wissen, dass wir eine Wahl haben. Wir haben unsere Hausaufgaben gemacht und gelernt, dass es Trigger gibt, die emotionale Reaktionen bei uns auslösen. Wir wissen aber mittlerweile, dass wir die Wahl haben, wie wir auf etwas reagieren. Wenn wir also im Stau stehen, gehen wir also nicht mehr in die Luft, sondern atmen ein paar Mal tief ein und aus und versuchen vielleicht das Positive an der Situation zu sehen. Wir fragen uns vielleicht, wofür dieser Stau gut ist? Vielleicht haben wir so einen Unfall vermieden, oder es ist ein Zeichen des Universums, dass wir nicht mehr so durchs Leben hetzen sollen, oder wir freuen uns, dass wir dadurch Zeit haben, in Ruhe mit einer Freundin telefonieren zu können. Wir haben also die Kontrolle über unsere Reaktion, das heißt, wir funktionieren nicht mehr auf Autopilot, sondern wissen, dass wir wählen können, wie wir auf etwas reagieren. Ich finde, dass das ein Riesenfortschritt gegenüber der erste Ebene ist und viele Menschen haben diesen Schritt getan und führen ein wesentlich gelasseneres und bewussteres Leben als auf der ersten Ebene.

Die dritte Ebene ist die, auf der wir wissen, dass der Stau auf der Autobahn unsere Schöpfung ist. Niemand außerhalb von uns ist verantwortlich. Wir erleben diesen Stau in unserer physischen Realität, weil wir uns das irgendwann einmal vorgestellt haben. Wir wissen, dass jeder physischen Bewegung eine geistige Bewegung voraus geht, dass nichts existiert, außer es wurde zuvor gedacht und fragen uns jetzt, was wir uns da bloß vorgestellt haben! Was auch immer es war, es hat dazu geführt, dass wir im Stau stehen! Und wir revidieren sofort, dass wir fest stecken und stellen uns vor, wie wir pünktlich und fröhlich an unserem Ziel ankommen! Wir suchen nicht nach der Ursache oder machen uns Vorwürfe, dass wir uns so etwas Blödes vorgestellt haben. Wir sind uns bewusst, dass es für jede Menge Menschen eine absolute Realität ist, im Stau zu stecken und dass wir das abgekauft haben. Wir ärgern uns nicht, denn wir wissen, dass auch dieses Ereignis ein Puzzlestein in diesem großen Mosaik ist, das am Ende das gewünschte Ergebnis zeigt. Das Wunderbare auf dieser Ebene ist, dass wir keine Schuldigen mehr suchen, niemandem einen Vorwurf machen und auf niemanden die Verantwortung abschieben. Wir sind die Schöpfer unserer Wirklichkeit und wenn etwas nicht so ist, wie wir es wollen, dann liegt es daran, dass wir uns unbewusst etwas vorgestellt haben, was zu diesem Ergebnis geführt hat. Ich finde das wunderbar, aber ich weiß, dass diese Ansicht für andere erschreckend klingen kann. Da soll niemand mehr sein, der an irgendetwas schuld ist? Niemand außer mir, der verantwortlich ist? Niemand, dem ich einen Vorwurf machen kann?

Tja, das ist die gute und die schlechte Nachricht, nicht wahr? Je nachdem, auf welcher Ebene wir uns befinden. Auf welcher Ebene bist du? Und solltest du auf Ebene eins oder zwei sein, wäre es reizvoll auf die dritte Ebene zu wechseln? Wenn ja, dann stell dir vor, dass du bereits da bist. Frag dich: Wie würde ich mich fühlen, wenn ich wüsste, dass ich die einzige Ursache für alles in meinem Leben bin? Wie würde ich mich fühlen, wenn ich wüsste, dass ich der Schöpfer meiner Realität bin? Wie würde ich mich fühlen, wenn ich wüsste, dass ich alles verändern kann? Das sind Fragen, mit denen du heute Abend zu Bett gehen und morgen früh wieder aufwachen kannst. Lass aufsteigen, was das für dich bedeuten würde! Wie würdest du dich, dein Leben, deine Erlebnisse, deine Mitmenschen sehen? Wie würden die anderen dich sehen, was würden sie von dir denken und was würden sie über dich sagen? Wie würdest du dich in Beziehungen mit anderen benehmen? Was würdest du denken, sagen und tun? Stell diese Fragen und suche nicht nach den Antworten. Entspann dich in diese wundervollen Fragen und lass aus der Tiefe deines Unterbewusstseins den Zustand empor kommen, in dem du wärst, wenn du wüsstest, wer du bist und welche Macht du hast.

Muss ich Angst vor meinen Gedanken haben?

Unsere Vorstellungen erschaffen unsere Realität und wir sind die einzige Ursache für alles, was sich in unserer Welt manifestiert. Ist das nicht ein geradezu überwältigender Gedanke? Für viele Menschen ist das allerdings ein zweischneidiges Schwert. Ja, es ist gut zu wissen, dass ich mir nur etwas Schönes vorstellen und als Realität fühlen muss und es erscheint in meiner Welt. Was aber ist mit all den Gedanken, die ich so denke und die negativ sind?

Ich möchte dir die Angst ein für alle Mal nehmen. Denn Angst ist kein guter Zustand, in dem man sich befinden möchte. Wenn du dich von Angst beherrschen lässt, wirst du in deiner Welt nur noch mehr Dinge manifestieren, die dich ängstigen.

Ich habe schon zu Anfang gesagt, dass sich nicht all unsere Gedanken verwirklichen. Das wäre eine verrückte Welt nicht wahr? In einer stillen Stunde denk einmal darüber nach. Mal dir aus, wie die Welt aussehen würde, wenn jeder einzelne Gedanke, den die Menschen so denken in der physischen Realität erscheinen würde. Ich bin sicher, diese Vorstellung wird dich zum Lachen bringen und das ist gut! Lachen ist das beste Gegengift gegen Angst!

Es kommt darauf an, ob ein Gedanke für uns real ist. Ob wir fühlen, dass dies eine unumstößliche Tatsache ist. Etwa so wie das Wissen, dass wir bluten, wenn wir uns mit einem Messer in den Finger schneiden. Das ist eine Annahme, die wir fest glauben. Nicht nur wir, sondern ebenso alle anderen Menschen. Möglicherweise haben wir sogar am eigenen Leib erfahren, dass Finger bluten, wenn man mit einem Messer hinein schneidet. Jeder, der schon einmal Gemüse geschnippelt hat, wird das nachfühlen können. Es gibt auch „Tatsachen“, die wir für genauso sicher halten, auch wenn wir noch keine eigenen Erfahrungen damit gemacht haben. Wir sind überzeugt, dass wir sterben, wenn man uns den Kopf abschneidet, auch wenn wir es - zumindest in diesem Leben – noch nicht selbst erlebt haben. Das sind Annahmen und Überzeugungen, die sich manifestieren. Wir können jemand sein, der Angst vorm Fliegen hat und dennoch niemals abstürzt. Warum ist das so? Wenn ich schreckliche Angst vor einem Absturz habe, mich kaum in ein Flugzeug traue und Beruhigungstabletten schlucke, um überhaupt in der Lage zu sein zu fliegen, warum erlebe ich keinen Absturz? Weil ich es nicht real fühle. Ich mache mir Sorgen, ich weiß, dass Flugzeuge abstürzen können, ich weiß, dass viele Menschen die gleiche Angst haben, ich weiß, dass Flugzeuge abgestürzt sind und dennoch lande ich jedes Mal sicher auf dem Boden. Ich denke zwar darüber nach, fühle es aber nicht als Realität. Die Überzeugung, dass ich in Gefahr bin, ist nicht meine vorherrschende Annahme.

Ich kann aus eigener Erfahrung sprechen. Vor vielen Jahren habe ich unter Flugangst gelitten und bin jedes Mal tausend Tode gestorben, wenn der Flieger auch nur ein bisschen gewackelt hat. Heute weiß ich, dass ich mich in eine Panik hinein gesteigert habe, die nicht im Geringsten meiner vorherrschenden Annahme entsprach, die da lautete und immer noch lautet: Ich bin beschützt. Mir kann nichts passieren. Ich weiß nicht, wie ich zu dieser Annahme gekommen bin, ich weiß nur, dass sie im Laufe meines Lebens immer wieder bestätigt wurde. Ob das nun Abenteuer als Teenager waren, die böse hätten enden können, oder diverse Medien und Astrologen, die mir das gleiche versichert haben. Kein Wunder. Schließlich drückt sich das, was wir glauben, immer wieder im Außen aus. Wenn ich also unbewusst davon überzeugt bin, dass ich beschützt bin, wird mir das im Außen zum Beispiel durch Horoskope oder Hellseher bestätigt. Und etwas, dass wir immer wieder bestätigt finden, glauben wir noch fester.

Ich bin sicher, du erkennst das Prinzip. Vor allem, wenn du es auf deine negativen Glaubenssätze anwendest. Erzählst du dir, dass du arm bist? Glaubst du, dass du nie viel Geld haben wirst? Kommst du aus einer Familie, die kein Geld hatte? Wenn du auf dein Leben schaust, hat sich diese Annahme immer wieder bestätigt? Hat sie sich immer wieder im Außen ausgedrückt? Und es kann sich auf die unterschiedlichste Art und Weise ausdrücken. Vielleicht ist es dir nie gelungen, zu sparen oder du hast immer wieder Geld verloren. Du traust dich nicht, in teure Geschäfte und Hotels zu gehen und wenn du es doch tust, hast du das Gefühl, dass man dich verächtlich anschaut.

Deine Freunde haben auch kein Geld und ihr erzählt euch gegenseitig, dass es so schwierig ist, finanziell abgesichert zu sein.

Oder vielleicht hast du kein Glück in der Liebe. Vielleicht ist das deine vorherrschende Annahme. Wenn es so ist, dann erinnere dich an die vergangenen Jahre und entdecke, wie sich diese Überzeugung im Außen ausgedrückt hat.

Es ist der Zustand, in dem wir am häufigsten verweilen, der sich in unserem Leben manifestiert. Und unser Zustand ist die Summe unserer Annahmen.

In welchem Zustand bist du?

Alles ok? Oder grummelt irgendwo eine Sorge oder Traurigkeit? Was würdest du ehrlich antworten, wenn dich jetzt jemand fragt, wie es dir geht? Gib nicht die übliche Antwort: gut! Wie könntest du in ein paar Sätzen zusammenfassen, was in deiner Welt los ist? Du könntest dir überlegen, wie es mit deinem Blick auf die Zukunft aussieht. Freust du dich darauf, oder fürchtest du sie? Welche Gedanken machst du dir über den Zustand deiner Beziehung? Was glaubst du, wie sich deine Finanzen entwickeln werden? Wie gesund ist dein Körper? In welcher Stimmung bist du am häufigsten? Was für eine Art Mensch bist du? Bist du so, wie du gern sein würdest? Wie also geht es dir?

Unser Zustand ist die Gesamtheit unserer Überzeugungen. All unserer Erfahrungen, unserer Erwartungen und all unserer Selbstgespräche. Es gibt unendlich viele Zustände und der Zustand, in dem wir uns am häufigsten aufhalten, ist der Bewusstseinszustand, aus dem heraus wir funktionieren und manifestieren. Wenn unsere Glaubenssätze von Mangel und Hilflosigkeit geprägt sind, dann werden wir uns immer wieder hilflos fühlen und Mangel leiden.

Natürlich wechseln wir immer wieder von einem Zustand in den anderen. Wir lassen uns von den Umständen und von anderen Menschen dabei beeinflussen. Wenn du mit jemandem zusammen bist, der fröhlich und optimistisch ist, dann neigst du dazu, die Welt in einem rosigeren Licht zu sehen und du bist schneller bereit, zu lächeln oder zu lachen. Wenn du mit jemandem zusammen bist, dessen Konversation aus seinem Gejammer und seinen Bewertungen über Gott und die Welt besteht, wirst du vielleicht selbst bedrückt und fragst dich, warum du dich plötzlich so mies fühlst. Unser Zustand wechselt, wenn wir auf einer Beerdigung sind und er wechselt, wenn wir uns im Kino einen lustigen Film anschauen. Du bist also kurzfristig in einen Zustand eingetreten, der nicht dein üblicher ist. Das wird aber nichts an deinen Lebensumständen ändern, weil du immer wieder in deinen vertrauten Zustand zurückkehrst, in dem du dich am häufigsten aufhältst.

Deswegen stell dir die Frage noch einmal: Wie geht es mir? Oder noch besser: Wer bin ich? Was für ein Mensch bin ich? Was glaube ich? Was ist der Zustand, in dem ich mich am häufigsten aufhalte?

Und vor allem: will ich in diesem Zustand sein?

Das ist die wichtigste Frage. Gefällt mir der Zustand, in dem ich bin und wenn nicht - wie will ich mich fühlen? Wenn du feststellst, dass du dir häufig Sorgen machst, dir nichts zutraust, oder daran zweifelst, dass du je wieder gesund wirst, dann wird es Zeit, deinen Zustand zu wechseln. Nicht nur für eine Weile, sondern dauerhaft.

Aus einem neuen Zustand heraus denken wir anders, fühlen wir anders, handeln wir anders. Deswegen ist es so wichtig, in den erwünschten Zustand zu kommen! Wenn du aus dem Bewusstseinszustand „Die Welt ist gegen mich" funktionierst, dann wirst du andere Dinge sagen, denken, fühlen und tun, als wenn du aus dem Bewusstseinszustand „Die Welt ist mein Spielplatz" funktionierst. Wir können immer nur basierend auf dem Zustand, in dem wir sind, denken, fühlen, handeln.

Denk daran, dein Zustand ist die Summe deiner Überzeugungen über dich und die Welt. Wenn du also in einen anderen Bewusstseinszustand wechseln möchtest, musst du damit beginnen, andere Selbstgespräche zu führen, etwas anderes zu glauben, ein anderer Mensch zu werden.

Hast du bemerkt, dass ich nicht davon gesprochen habe, den Zustand, in dem du bist, zu verändern? Es geht nicht darum, etwas Bestehendes zu verändern, sondern es geht darum, von einem Zustand in den anderen zu wechseln. Ein Zustand ist ein Zustand, nicht gut oder schlecht, sondern einfach nur einer von unendlich vielen. Wir versuchen nicht, den Zustand, in dem wir sind zu verändern, wir wechseln einfach in einen anderen. Das bedeutet, dass du kein Problem lösten musst, du musst nur einen anderen Zustand wählen!

Und wir wissen jetzt ja auch schon, wie das geht. Wir stellen uns einfach etwas anderes vor! Stell dir vor, welcher Mensch du gern wärst. Welche Eigenschaften hättest du gern, wie würdest du die Welt sehen und welche Ausstrahlung hättest du? Erforsche deinen neuen Zustand und dann stell dir vor, du wärst bereits dieser neue Mensch in seinem neuen Zustand. Und glaube daran, dass dein Wunsch bereits erfüllt ist. Dieser Glaube wird dafür sorgen, dass deine Vorstellung sich manifestiert.

Wir haben in einem anderen Kapitel bereits über unsere Glaubenssätze und unsere Trigger gesprochen. Diese Überzeugungen und emotionalen Zeitbomben können sehr hartnäckig sein und es ist wichtig, nicht aufzugeben, wenn man aus seinem erwünschten Zustand wieder herausfällt, weil man wieder „angetriggert“ wurde. Sieh es pragmatisch. Du weißt, wer du sein willst und du weißt, wie es sich anfühlt. Wenn du wieder zu dem Menschen wirst, der du vorher warst, weil dich etwas in emotionalen Aufruhr versetzt hat, wechsle einfach wieder in den gewünschten Zustand und halte dich so lange wie möglich darin auf. Sieh es nicht als „Problem“, wenn du noch nicht dauerhaft dein neues Selbst bist. Richte deine Aufmerksamkeit nicht auf dein Unvermögen und verurteile dich nicht. Stattdessen lenke deinen Fokus auf den gewünschten Zustand und sei wieder dein neues Selbst.

Alles was du bedeutsam machst, woran du deine Gedanken verschwendest, dem gibst du Leben, das nährst du. Also verändere die Richtung deiner Aufmerksamkeit! Es ist, als würde man einen anderen Radiosender einschalten. Statt Popmusik hörst du jetzt eben Klassik.

Irgendwann wird sich die neue Version deines ICH ganz natürlich anfühlen und der „alte Mensch" ist verschwunden. Du wirst es daran merken, dass du anders reagierst als gewohnt. Sagen wir, du wünschst dir finanzielle Freiheit, also genug Geld, dir alles leisten zu können, was du haben willst, ohne dir Sorgen darüber machen zu müssen. Du hast erforscht, wie es sich anfühlen würde, ein wohlhabender Mensch zu sein und du hältst dich beständig in deinem gewünschten Endzustand auf. Und plötzlich ruft dich ein Freund an und erzählt dir so ganz nebenbei, dass er sich ein neues, teures Auto gekauft hat. Etwas, wovon du schon lange träumst, aber kein Geld dafür hast. Wie reagierst du? Denkst du: „Was für ein schönes Auto! So eines könnte ich mir auch für mich vorstellen!" Und du spürst die Vorfreude auf einen solchen Wagen. Oder denkst du: „Ich wünschte, ich könnte mir auch so einen Wagen leisten. Und du fühlst dich frustriert und bist ein wenig neidisch auf deinen Freund?“ Wenn du dich inspiriert fühlst durch den Gedanken an ein neues Auto, dann bist du bereits der „neue“ Mensch. Wenn du frustriert bist, dann bist du wieder in deinen alten Zustand von „Ich habe kein Geld“ zurück gefallen.

Sei dankbar für solche Momente. Sie zeigen dir, wo du stehst! Wenn du bereits fest im Sattel deines neuen Zustands von „Ich habe Geld“ sitzt, wirst du allerdings vielleicht gar nicht gleich bemerken, dass du anders als gewohnt reagiert hast. Erst in der Rückschau fällt dir auf, dass du als dein neues Ich gefühlt, gedacht und geredet hast. Dein neuer Zustand ist dir also vertraut geworden und du fühlst dich wohl darin. Das ist ein Grund zum Feiern!

Es ist wirklich nicht so schwer, wie wir uns selbst gern einreden. Als Kinder konnten wir das ganz wunderbar. Wir waren unbelastet von irgendwelchen einschränkenden Glaubenssätzen und waren in einem Moment traurig, im nächsten glücklich, dann zornig, dann müde. Wir waren Kapitän, Puppenmutter, Dornröschen oder Winnetou. Wir sind von einem Zustand in den nächsten geschlüpft, ohne darüber nachzudenken, ob das leicht oder schwer, richtig oder falsch ist. Als Erwachsene sind wir meist der Überzeugung, dass wir ein „Problem“ haben und die Lösung finden müssen. Wir müssen daran „arbeiten“. Wir glauben, wir müssten etwas mit großer Anstrengung verändern, während wir doch einfach nur von einem Zustand in den nächsten tanzen können. Als wäre es ein Spiel. Was es ja tatsächlich sein kann, wenn wir es glauben.

Sei liebevoll mit deinen Wünschen

Wie wäre es, wenn wir unsere Wünsche in die Welt lieben würden? Wenn wir das tun, wie empfinden wir dann unseren kleinen und großen Wünschen gegenüber? Was bedeutet es, sie zu lieben? Ich glaube, die einfachste Definition ist: ich will, dass es ihnen gut geht! So als wäre man eine Mutter, deren größter Wunsch es ist, dass es ihren Babies gut geht, dass sie glücklich und zufrieden sind. Wenn wir diese Definition von Liebe annehmen, dann stellen wir plötzlich fest, dass wir uns selbst lieben! Denn schließlich wollen wir doch, dass es uns gut geht, oder nicht?

Stell dir für einen Augenblick vor, dass du nicht mehr versuchen musst, dich selbst zu lieben, wie du es schon so lange versuchst, weil du gehört hast, dass wir uns erst selbst lieben müssen, bevor wir all die guten Dinge bekommen, die wir uns wünschen. Stell dir einfach vor, du liebst dich bereits! Du willst, dass es dir gut geht, dass du glücklich bist! Wäre es nicht so, wärst du dann überhaupt noch hier? Geh also davon aus, dass du dich liebst, dass du dir all die guten Dinge gönnst und weißt, dass du sie verdienst, einfach deshalb, weil du da bist. Erforsche diesen Zustand! Wie fühlt es sich an, wenn du dich selbst liebst? Wie fühlst DU dich? Taucht da ein liebevolles Gefühl für dich selbst auf? Für dich und deine Wünsche? Spürst du eine ganz neue Zuversicht? Eine stille Freude und das Bewusstsein, dass alles gut ist? Geh in diesen Zustand und bleibe darin.

Jeder Wunsch, der empor steigt, wird von dir mit einem liebevollen Gefühl empfangen, denn es ist DEIN Wunsch, der zu dir gehört! Du bewertest ihn nicht, du strebst vielmehr danach, ihn zu unterstützen! Ganz so wie eine Mutter ihre Kinder liebevoll unterstützen möchte. Denk daran, alles was du tust, was du fühlst, sagst und denkst, kommt aus deinem Zustand. Du kannst immer nur übereinstimmend mit deinem Zustand handeln, niemals im Widerspruch zu ihm. Wie würdest du also handeln, wenn du in diesem liebevollen Zustand wärst?

Ich bin sicher, du würdest deine Wünsche hegen und pflegen und liebevoll an sie denken, daran glauben, dass sie bereits erfüllt sind und bereit sein, ihnen unter die Arme zu greifen, wenn sie Unterstützung brauchen. Du würdest dafür sorgen, dass sie sich nicht vernachlässigt fühlen und ihnen die Nahrung geben, die sie brauchen. Du würdest nicht ständig kontrollieren, ob sie gut oder schlecht sind oder an ihnen zweifeln.

Wenn du in diesem liebevollen Zustand bist, dann liebst du deine Wünsche in die Welt.

Was wünschst du dir? Eine Partnerschaft? Wie wäre es, wenn du jetzt sofort eine liebevolle Ehefrau oder ein liebevoller Ehemann wärst? Stell es dir vor! Wie würde ich sein, wenn ich es bereits wäre? Wenn ich in einer Partnerschaft leben würde, wie ich sie mir wünsche? Wie würde ich mich fühlen? Was würde ich tun. Entspanne dich und erforsche diesen Zustand.

Wie würdest du dich verhalten, wenn du einen Mann triffst, für den du dich interessierst? Oder eine Frau? Aus dem Zustand des liebevollen Partners heraus, wärst du selbstsicher. Du würdest eine Sicherheit ausstrahlen, die du empfindest, weil du weißt, dass du geliebt wirst. Wenn dich ein toller Mann oder eine tolle Frau anspricht, wirst du lächeln und dich ungezwungen mit ihm oder ihr unterhalten. Du hast nichts zu befürchten, du musst nicht an dir zweifeln, du bist bereits die liebevolle Partnerin oder Ehefrau.

Ist das nicht vollkommen anders als der Zustand, in dem du bist, wenn du dir dringend eine Partnerschaft wünschst? Wenn wir auf der Suche sind, an uns zweifeln, keine weitere Zurückweisung mehr ertragen wollen oder uns wertlos fühlen. Oder wenn wir innerlich schon beschlossen haben, dass es für uns wohl nie den „Richtigen“ oder die „Richtige“ geben wird. Aus diesem Zustand des Mangels und Zweifels heraus, werden wir auf die Avancen des tollen Typs im Supermarkt verunsichert und nervös reagieren. Wir strahlen aus, was wir sind, oder vielmehr, in welchem Zustand wir sind.

Deswegen ist unser Zustand so wichtig. Du denkst, fühlst, handelst immer nur entsprechend dem Zustand, in dem du bist. Und du kannst gleich heute damit beginnen, dich in den Zustand des liebevollen Partners zu versetzen. Es ist so leicht, wie die Schuhe zu wechseln. Wir können wählen, in welchem Zustand wir sein wollen und aus diesem Zustand heraus haben wir neue Möglichkeiten, wie wir sein, denken, fühlen, reden, handeln und sein können.

Sei der liebevolle Partner, die liebevolle Mutter und der liebevolle Vater, das liebevolle Hunde-Frauchen oder -Herrchen, der liebevolle Boss, die liebevolle Freundin, der liebevolle Coach...was immer du sein willst. Sei es auf eine liebevolle Art und Weise. Damit liebst du dich, alle anderen, die deine Mitspieler in deinem Stück sind und deine Wünsche, die du in die Existenz bringst.

Wenn du liebevoll bist, tust du dir selbst gut und es entspricht deinem Endzustand des erfüllten Wunsches. Denn würdest du sauer, zornig, neidisch oder hasserfüllt sein, wenn dein Wunsch erfüllt und alles so ist, wie du es haben möchtest? Sicher nicht. Du wärst dankbar, froh und liebevoll.

Wenn du eine „Baustelle" in deinem Leben hast, an der sich nichts verändert, egal was du tust, dann überprüfe deinen Zustand! Was sind deine vorherrschenden Annahmen? Was denkst du, fühlst du, sagst du dir und anderen? Wie viel Selbstkritik ist dabei? Wie sehr schätzt du dich und deine Wünsche? Wenn etwas sich nicht verändern will, dann deswegen, weil du in einem Zustand bist, der keine Veränderung zulässt. Entsprechend deinem Zustand, der sich nicht verändert, manifestierst du das immer Gleiche. Statt weiter an der Lösung des „Problems“ zu arbeiten, wechsle deinen Zustand. Werde der liebevolle Meister-Manifestierer, der du sein kannst.

Das wird zu deinem dominanten Zustand, in den du immer wieder zurück kehren kannst wie in dein Zuhause, das du liebst und in dem du dich wohl fühlst.

Erinnere dich daran: wir verändern nicht unsere Situation, wir wechseln in einen anderen Zustand und halten uns so lange wie möglich darin auf. Wir stellen uns vor, wer wir sein möchten und nehmen das neue Ich liebevoll in Besitz.

Was du glaubst, geschieht

Wenn du weißt, was du willst, glaube daran, dass du es bereits hast. Glaube an die noch nicht sichtbare Realität und vernachlässige die vermeintliche Realität, die dir deine Sinne suggerieren. Wir haben schon darüber gesprochen, dass unser Verstand alles für real hält, was wir ihm häufig genug bestätigen und real fühlen. Wenn du dir etwas vorstellst und es so fühlst, als wäre es wahr, erweckst du die erforderliche Emotion in dir, die dem Vorgestellten Realität verleiht.

Es gibt so viele Situationen, in denen wir automatisch reagieren. Wir glauben automatisch, dass es so ist, wie wir es gerade erleben. Die Waschmaschine geht kaputt? Wie wäre es, wenn du das nicht akzeptierst? Du stehst vor der Waschmaschine, hast die schmutzige Wäsche schon hinein gestopft, das Waschpulver eingefüllt und drei Mal auf den

Startknopf gedrückt. Nichts tut sich. Jemand der glaubt, dass die sinnlich wahrnehmbare Realität die einzige ist, die existiert, wird jetzt vielleicht schimpfen, sich ärgern und den Reparaturdienst anrufen, während er in seinem Kopf schon ausrechnet, was das wieder kosten wird.

Jemand wie du, der weiß, was die Vorstellungskraft bewirkt, akzeptiert nicht, was seine Augen sehen. Er stellt sich vor, wie er die saubere Wäsche aus der Waschmaschine in den Trockner umlädt. Er riecht die saubere Wäsche, sieht seine Hände die nassen Sachen aus der Waschmaschine holen und empfindet Freude darüber, dass alles so wunderbar funktioniert. Ich sage nicht, dass die Waschmaschine deswegen auf wundersame Weise zu arbeiten beginnen wird, wobei natürlich auch das möglich ist. Was du jedoch auf jeden Fall damit erreichst, ist gute Laune statt schlechte Laune, Spaß mit der Vorstellung, statt Ärger über die Waschmaschine und Dankbarkeit für die gewaschene Wäsche, statt Sorgen ums Geld. Du wirst wahrscheinlich ziemlich schnell einen guten und günstigen Reparaturservice finden, oder ein Schnäppchen im Elektroladen, oder deine Mutter ruft dich an und fragt dich, ob du ihre alte Waschmaschine möchtest, weil sie sich eine neue gekauft hat. Einfach deswegen, weil du die vermeintlich reale Realität ignoriert und nicht akzeptiert hast. Stattdessen warst du im Zustand deines bereits erfüllten Wunsches und bist da geblieben. Du hast real gefühlt, dass deine Waschmaschine funktioniert und hattest keinen Zweifel daran, dass es bereits so ist. WIE es dann dazu kommt, dass du deine Wäsche waschen kannst, das geht dich nichts an. Das ist nicht dein Job. Dein Job ist das WAS.

Was du glaubst geschieht. Du hast die offensichtliche Realität ignoriert und der noch nicht sichtbaren Realität Nahrung gegeben. Du hast deinen Fokus auf das gewünschte Ergebnis gerichtet, statt auf das Problem. Du hast nicht nach der Lösung gesucht, sondern bist deiner Vorstellung treu geblieben. Mehr ist nicht erforderlich. Du hast deinen Job getan und die Früchte geerntet, deren Samen du durch deine

Vorstellung gesät hast. Du erlebst, woran du glaubst. Du siehst, was du glaubst. Du denkst, was du glaubst.

Eigentlich gibt es keinen Unterschied zwischen den Dingen und deinen Gedanken über die Dinge. Man könnte sagen, dass Dinge Gedanken sind, die du zuvor gedacht hast. Würdest du es nicht denken oder hättest du es nicht gedacht, dann würde das Ding nicht existieren. Deine ganze Welt würde nicht so existieren, wie sie existiert, wenn du etwas anderes glauben würdest. Eine Freundin hat mich neulich gefragt, ob mir auch so viel Angst machen würde, was man derzeit so liest, über das bevorstehende Ende der Welt, wie wir sie kennen. Ich hatte nicht die geringste Ahnung, wovon sie sprach. Und als sie mir dann erzählt hat, was uns alles blüht, habe ich in Gedanken sofort revidiert, was ich hörte. In meiner Welt will ich keine Schauergeschichten von irgendwelchen Kassandras, die den Untergang verkünden. Ich will in meiner Welt Hoffnung, Zuversicht und Frieden. Und das Ergebnis ist, dass meine

Freundin „zufällig“ immer wieder genau solche Geschichten liest, Videos dazu sieht und ständig in Unterhaltungen darüber verwickelt wird mit Gleichgesinnten, die ebenso viel Angst haben wie sie.

Wessen Welt und Realität ist nun die „richtige“ oder „reale“? Beide! Sie denkt die Dinge und glaubt sie und das gleiche tue ich. Nur denken und glauben wir eben unterschiedliche Dinge, was dazu führt, dass wir in unterschiedlichen Realitäten leben. Die Welt, in der du lebst, ist von dir erschaffen. Du hast sie gedacht und geglaubt und real gefühlt. Das Schöne ist: du kannst sie dir auch wieder weg denken, weg glauben und weg fühlen. Und dir etwas anderes vorstellen. Du hast deine Realität erschaffen und du kannst sie wieder zerstören und eine neue erschaffen. Es liegt an dir. Du bist die einzige Ursache.

Ignorieren oder verleugnen

Wenn sich meine Klienten beklagen, was gerade Furchtbares geschehen ist, dann antworte ich meist: Ignoriere die „Tatsachen". So wie bei der Waschmaschine. Wir haben ignoriert, dass sie nicht läuft, sondern uns vorgestellt, dass sie vollkommen in Ordnung ist. Also, es ist nichts Schlimmes geschehen. Ignoriere, dass etwas Schlimmes geschehen ist. Als Antwort bekomme ich meistens: „Aber ich kann doch nicht einfach ignorieren, dass es geschehen ist! Das wäre ja, als würde ich die Realität verleugnen! Eben nicht. Es gibt einen kleinen, aber feinen Unterschied zwischen ignorieren und verleugnen. Lass es mich an einem Beispiel erklären.

Stell dir vor, du bist in einer Beziehung, in der du dich von deinem Partner nicht gesehen fühlst. Du empfindest ihn als unachtsam, du fühlst dich unverstanden. Er hört dir nicht zu, interessiert sich nicht für deine Meinung und oft fragst du dich, was du falsch machst und bist traurig, weil es dir so vorkommt, als wärst du allein, wenn ihr zu zweit seid. Wenn du verleugnest, wie du empfindest, dann unterdrückst du deine Gefühle und redest dir die Situation schön. Du sagst dir: „Er hat es nicht so gemeint, er ist eben so eingespannt in die Firma, er hat es in seinem Elternhaus nicht besser gelernt, als Kind wurde er auch nicht wahrgenommen, Männer sind eben anders, wahrscheinlich bin ich eben nicht interessant genug." Sind das nicht alles wunderbare, verständnisvolle Gedanken? Ja, wundervoll verständnisvoll und bestens geeignet, dich von deinem eigentlichen Wunsch abzulenken: gesehen zu werden! Das ist Verleugnen. Du verleugnest dein absolut authentisches Bedürfnis, gesehen zu werden und damit verleugnest du deinen Wunsch! Den Wunsch, der aufsteigt und sich erfüllen möchte. Du unterdrückst ihn. Gemeinsam mit all den Gefühlen von Trauer und Wut und Scham darüber, nicht gut genug zu sein.

Wenn du sein Verhalten ignorierst, dann machst du es nicht real. Du beginnst dir vorzustellen, dass er dich sieht. Wie würdest du dich fühlen, wenn er dich sehen würde? Du beginnst, zu dem Menschen zu werden, der du sein willst. Jemand, der gesehen wird! Dessen Gefühle wichtig sind. Dessen Meinung von Interesse ist. Der faszinierend und facettenreich ist. Wie würdest du denken, reden, handeln als dieser Mensch? Aus dieser Position, diesem neuen Zustand heraus, beginnst du, die Welt mit anderen Augen zu sehen. Du benimmst dich anders, stehst für dich ein, wagst es für dich einzufordern, was für dich erforderlich ist. Du beginnst, deine Wünsche zu manifestieren und deine Bedürfnisse zu erfüllen. Das alles hat nichts mit deinem Partner zu tun. Du veränderst dich, wirst zu einer neuen Persönlichkeit, zu einem neuen Menschen. Dein Partner wird darauf reagieren. Wie auch immer. Wenn er derjenige ist, der deine Bedürfnisse erfüllen kann und will, wird er sein Verhalten verändern, oder er wird dein Leben verlassen, um Platz für jemanden zu schaffen, der so ist, wie du es haben willst. Tatsächlich kann es sogar sein, dass du deinen Partner plötzlich mit anderen Augen siehst. Vielleicht entdeckst du, dass du ihm gar nicht erlaubt hast, dich zu sehen, wie du wirklich bist. Oder du bemerkst, dass er zu unsicher ist, um sich so auszudrücken, dass du es verstehen kannst.

Du siehst, wieder bist du nicht dafür zuständig, WIE sich dein Wunsch, gesehen zu werden erfüllt. Wichtig ist alleine, dass du weißt, was du willst, es dir vorstellst, in den erwünschten Zustand eintrittst und dann erlebst, wie sich die Dinge entfalten. Im Rückblick wirst du sehen, wie eines zum anderen geführt hat, bis du in einer Partnerschaft gelandet bist, in der all deine Bedürfnisse erfüllt sind.

Siehst du, was der Unterschied zwischen Verleugnen und Ignorieren ist? Beim Verleugnen unterdrückst du deine Wünsche und ergibst dich den Umständen, die du dir schön redest, wobei du dich davon ablenkst, was du wirklich willst. Wenn du die reale Situation ignorierst, weil es nicht das ist, was du haben willst, dann triffst du eine bewusste Wahl. Du hast dir die Situation ohne rosarote Brille angeschaut, hast dir die Frage gestellt: „Will ich das?“ und sie mit NEIN beantwortet. Du hast dich gefragt: „Was will ich?“ Und du hast diesen Zustand erforscht. Du hast begonnen, dir vorzustellen, wie du dich fühlen würdest, wenn dein Wunsch bereits erfüllt wäre und du die Person bist, die du werden möchtest. Du hast den Job erledigt und erntest die Früchte deiner Vorstellung. Siehst du, dass DU die einzige Ursache für deine Realität bist? Du und deine Gedanken und dein Glaube daran, was du als noch nicht sichtbare Realität willst.

Der Unterschied zwischen Verleugnen und Ignorieren liegt im Grad der Bewusstheit. Verleugnen kannst du nur, wenn du dir nicht bewusst bist, was du kannst und was du bewirken kannst. Wenn du weißt, wer du bist, wählst du bewusst, welche Realität du ins Leben glauben willst und welche nicht. Das ist ein ganz schönes Maß an Freiheit, nicht wahr? Die schönste Freiheit, die es gibt, finde ich.

Ein paar Worte auf den Weg

Ich möchte dich noch einmal daran erinnern, dass du bereits ein Meister im Manifestieren bist und immer warst. Zweifle nicht an dieser Fähigkeit in dir. Die Vorstellungskraft ist unser Werkzeug und wenn wir sie bewusst anwenden, wird sie uns alles manifestieren, was wir haben wollen. Die Zeiten, in denen deine unbewussten Glaubenssätze über dich bestimmt haben, sind vorbei. Stell dir einfach vor, dass alles bereits gut IST. Stell dir vor, du wärst der Meister deines Unterbewusstseins. Stell dir vor, du glaubst an dich und deine Fähigkeit zu manifestieren. Wie würdest du dich fühlen und wie würdest du sein?

Betrachte deine Gedanken als ein Investment. Wenn du etwas denkst, frag dich: Ist das ein Investment in mein Glück? Wenn nicht, verschwendest du deine Zeit mit Gedanken, die dich nicht dorthin bringen, wo du hin willst. Denk bei allem was du hörst und erlebst an die

Frage: Will ich das? Und wenn du es nicht willst, frag dich: Was will ich? Wie sieht mein gewünschter Endzustand aus und wie würde ich mich fühlen, wenn es bereits so wäre? Du mit deiner Vorstellungskraft bist die einzige Ursache für alles in deiner Welt. Halte dich nicht mehr damit auf, Ursachenforschung zu betreiben, oder andere für dein Glück oder Unglück verantwortlich zu machen. Bleib in deiner Vorstellung und nähre sie durch deine Gedanken und Gefühle, statt an ihr zu zweifeln oder sie zu zerstören, indem du die sichtbare Realität bedeutsamer machst als die noch nicht sichtbare.

Ich möchte dich auch noch einmal daran erinnern, dass wir dazu neigen uns viel zu sehr anzustrengen. Manifestieren sollte mühelos sein, spielerisch, neugierig und Spaß machen! Wenn du dich dabei ertappst, dass du es anstrengend findest, dann entspann dich und richte deinen Fokus auf etwas, das dir Freude macht. Das größte und wertvollste Investment, das du machen kannst, ist das Investment in ein sonniges Gemüt, ein frohes Herz und einen zuversichtlichen Geist.

Wir wünschen uns nichts für die Zukunft, wir wünschen uns etwas im JETZT. Erinnere dich daran, dass du nur im Jetzt fühlen kannst, nicht im Gestern und nicht im Morgen. Die Vergangenheit ist nichts als eine Erinnerung, die Zukunft eine Erwartung. Fühle JETZT, dass dein Wunsch bereits erfüllt ist und hoffe nicht darauf, dass es irgendwann soweit sein wird. Es gibt nur den gegenwärtigen Moment, in dem du fühlen kannst.

Wenn du bewusst im Zustand deines erfüllten Wunsches bist, dann wirst du bemerken, dass deine Welt sich verändert. Du siehst also, dass die äußeren Umstände und die anderen Menschen auf dich reagieren. Ist das nicht viel besser, als das Gefühl zu haben, der Spielball eines unbekannten Schicksals zu sein? Sei dir bewusst, dass alles und alle um dich herum dafür sorgen, dass deine Vorstellungen sich manifestieren. Die „Anderen“ sind die Schauspieler in DEINEM Stück, das du geschrieben und inszeniert hast. Du kannst darauf vertrauen, dass du aus deinem Zustand heraus genau das tun wirst, was erforderlich ist, um deine Wünsche in die Welt zu bringen. Du wirst Impulse bekommen, die du nicht einmal bemerkst und entsprechend handeln. Erst im Rückblick wirst du sehen, wie wunderbar alle Puzzleteile am richtigen Platz gelandet sind.

Es fühlt sich wunderbar an, wenn du in deinem erwünschten Zustand ruhst und die Arbeit getan ist. Genieße die Ruhe, nachdem du in deinem Endzustand angekommen bist und beschäftige dich mit all den Dingen, die dir Freude machen oder die eben getan werden müssen.

Veränderung geschieht deinem Zustand entsprechend und du kannst darauf vertrauen, statt zu warten und zu hoffen. Alles was du siehst, ist bereits vergangen. Deine Vorstellung ist das, was jetzt IST und deine Zukunft kreiert. Und wenn du zurück blickst, wird alles ganz selbstverständlich scheinen. Genieß den Weg!

Impressum

1. Auflage 2019

Kontakt: Gabriele Liesenfeld/ Herrenstr. 22 / 3062 Kirchstetten

Coverart: Bianca Ebner

Printed in Poland
by Amazon Fulfillment
Poland Sp. z o.o., Wrocław

51418731R00081